Frank Mißbach

Der sanfte Weg im Verkauf

Wie Sie Ihren persönlichen Verkaufsstil entwickeln und wie Sie die Kunden bekommen, die Sie erfolgreich machen.

Haftungsausschluss:

Der Autor hat seine Erfahrungen in diesem Buch zusammen gefasst. Jedoch ist Erfahrung immer ein Zeitstempel und während dessen der Autor seine erfahrungen niederschrieb, kamen neue hinzu. Darum können keine Garantien für die Vollständigkeit, Genauigkeit und Praktikabilität der enthaltenen Informationen, Tipps und Anregungen gegeben werden. Auch wenn die Erwartungshaltung mancher Leser besonders groß ist, können keine Garantien für bestimmte Ergebnisse gegeben werden. Da verschiedene Techniken in das jeweilige Umfeld des Lesers transformiert werden müssen, kann auch keine Garantie für wettbewerbsrechtliche Zulässigkeit gegeben werden, die aus der Anwendung resultieren können. Eine Haftung, die auch aus der Anwendung resultieren können, übernimmt der Autor Frank Mißbach nicht. Sollte ein erfundener Produkt- oder Firmenname schon existieren, ist das dem Autor trotz intensiver Recherche nicht bekannt gewesen und jetzt auch nicht bekannt, ansonsten sind diese Marken oder Markennamen Eigentum der jeweiligen Eigentümer.

Inhaltsverzeichnis

5. **Lernen Sie Ihren eigenen Stil kennen**

Vorwort

Dieses vorliegende Werk ist keine wissenschaftliche Abhandlung. Das überlasse ich jenen, die das als notwendig erachten. Ich sehe Verkauf trotz der vielen betriebswirtschaftlichen Instrumente, die ihn einsperren wollen in Kontrollzwänge, als die kommunikativste Position zwischen Kunden und Firma. Sie liefert die meisten Kundengedanken zum und über das Unternehmen.

In meinem Buch sind darum meine Erfahrungen eingeflossen, die von verschiedenen Werken mit inspiriert wurden. Welche das sind, habe ich am Ende aufgelistet. Es ist also weniger ein theoretisches Fachbuch, sondern mein Verkäuferleben in Worte gebannt. Der Umgang mit den Menschen ist die lebendige Entfaltung von Ideen und Gedanken und deren Widerparts.

Die Eröffnung eines Schachspieles kann theoretisch bis ins Detail abgebildet werden, Menschen mit ihren hunderten von möglichen Variablen im täglichen Umgang wohl eher nicht.

Darum könnte man dieses Buch fast als eine Erzählung auffassen. Ich erzähle Ihnen, wie ich das Verkaufen sehe und wie ich den Weg zum Erfolg sehe. Einen einzig-gültigen Weg werden Sie nicht finden. Diesbezüglich wird mein Werk eher ein Puzzle oder Mosaik in Ihrem persönlichen Kunstwerk sein.

Denn das ist es: Das Leben eines jeden einzelnen Menschen ist ein Kunstwerk, das jeder selbst erschaffen hat und verfeinern wird. Und Verkaufen ist dabei eine Nuance. Betrachten Sie dieses Werk wie auch das Leben als offen. Ein paar Dinge können sich überholt haben, andere können desto mehr im Rampenlicht stehen. Mal ist es etwas mehr von diesem, mal etwas mehr von jenem.

Man könnte hundert erfolgreiche Verkäufer, Ideeninspiranten und Unternehmer neben einander aufreihen und nach der einen entscheidenden Aktivität suchen, die unbedingt zum Erfolg führt; es gäbe diese nicht. Ich denke, Sie müssen Ihre persönliche Erfolgsgeschichte selbst schreiben.

Und dafür habe ich einige Tipps, Ideen, Chancen und Wege. Beim Entdecken wünsche ich Ihnen viel Spaß.

Ihr Frank Mißbach

Einleitung

Jeder braucht den Verkäufer.

Der Autor braucht den Verkäufer, der seine Ideen und Gedanken - über das Buch transportiert - an die Frau und den Mann bringt.

Der Erfinder braucht den Verkäufer, der seine Entwicklungen über ein Produkt transportiert an den Endverbraucher bringt und dabei hilft, neue technische Errungenschaften, ökologischen Fortschritt oder auch Erleichterungen und Vereinfachungen im täglichen Leben in die Welt zu tragen.

Der Kunde braucht den Verkäufer, der ihm alle Einzelheiten und Fähigkeiten sowie damit verbundene Wirkungen des Produktes erläutert. Auch um dem Kunden zu zeigen, ob das Produkt überhaupt für ihn geeignet ist.

Der Bäcker oder Konditor braucht den Verkäufer, damit dieser dem Kunden das tägliche Brot und Brötchen, Süßigkeiten und Kuchen sowie Torten für Festlichkeiten und Feiern im rechten Licht anbieten kann.

Der Reiseveranstalter braucht den Verkäufer, damit der Kunde vorab seine Wünsche von Erholung, bis Abenteuer und Erlebnis mit der Fülle an Möglichkeiten in Einklang bringen kann.

Das Versicherungsunternehmen braucht den Verkäufer, damit der Kunde abschätzen kann, was seine Risiken im täglichen Leben auf dem Weg zu seinen Zielen und Wünschen sind und nötigenfalls die finanziellen Risiken auf den Versicherer zu übertragen.

Es gibt keinen Bereich, wo man auf den Verkäufer verzichten könnte. Wo er fehlt, sind die Umsätze wesentlich geringer bis zu dem Moment, wo der Anbieter von der Bildfläche verschwindet. Selbst im Zeitalter des Internethandels wird der Verkäufer seine Berechtigung behalten. Seine Funktionalität wird sich vielleicht ändern, aber er wird nicht verschwinden. Sein Aufgabenfeld, die

Ansprachewege und Form und die Kommunikationsart wird sich der Zeit anpassen (müssen), aber er bleibt Mittler zwischen Ideeninhaber und Produktinitiator und Nutznießer.

Warum hat der Verkäufer dann oftmals so einen schlechten Stand? Warum haftet ihm das Bild des Drückebergers und Abkassierers an? Wieso taugen die Verkaufstechniken des Zeitalters der Massenproduktion nicht mehr?

Dieser Frage bin ich in meiner langen Laufbahn meines Verkäuferlebens nachgegangen. Und ich kam zu einem eindeutigen Schluss. Massenargumentationen und Produktmerkmale gehören der Vergangenheit an. Ich würde sogar sagen, es gab sie nicht wirklich. Es mangelte nur an Auswahlmöglichkeiten und offenen Zugangswegen. Man wählte, weil es keine Alternativen gab.

Die Kunden jeder Branche haben ihre Individualität gefunden. Freiheitsaspekte, die eine Wahlmöglichkeit offen legten, die der Kunde immer verstärkter nutzt. Bevor das Internet die Welt im privaten Bereich eroberte, gab es verminderte Vergleichsmöglichkeiten. Der Preisvorteil an einer entfernten Stelle musste nicht zwangsläufig am Wohnort des Kunden bekannt gewesen sein. Mit dem Internet und der stetigen Ausbreitung der Angebotsvielfalt konnte sich der Kunde immer besser vorab informieren und Alternativen austesten. Mittlerweile treibt es Spitzen, dass Kunden sich beim Fachanbieter vor Ort beraten lassen und dann das beste bzw. empfohlene Produkt beim günstigsten Anbieter im Internet bestellen.

Die Frage des Verkäufers lautet darum immer mehr: Was tun?

Diese Vorgehensweise zeigt eines ganz deutlich: Die Kunden wünschen die Beratung weiterhin, weil die Vielfalt etwas Neues produziert:

Informationsüberflutung.

Es ist alles verfügbar, aber die Menge bedeutet letztlich auch, dass diese nicht mehr händelbar ist. Somit benötigt der Kunde den Verkäufer als Navigator, um sich über das Angebot einen Überblick zu verschaffen. Der sich entwickelnde Verkäufer, der auf dem Weg hin zu seinem individuellen

Verkaufsstil ist, wird die Vorteile dieser Vorgehensweise erkennen und für sich und sein Angebot ausnutzen.

Die Individualität der Kunden, ihre kaum noch zusammen fassbaren Interessen, das Leben zu gestalten, bewirkt, dass der Kunde individuell bedient werden möchte.

Der eine bemisst dem Einkauf täglicher Grundnahrungsmittel kaum Bedeutung bei und kauft bei einem Discounter ein. Fährt aber eine Luxuslimousine. Warum? Weil er sich nicht besonders gut ernährt? Weil er nach Außen hin zeigen will, dass er was darstellt und darum am Essen sparen muss? Dies ist eine negative Vermutungskette. Wie Sie diese umgehen erfahren Sie im vorliegenden Buch zum Beispiel über das richtige Zuhören und den damit verbundenen Argumentationsmöglichkeiten.

Ihr individueller Verkaufsstil bewirkt, dass die Art und Weise Ihres Auftretens einen bleibenden Eindruck bei Ihren Kunden hinterlassen. Kunden, die eine Beratung und Verständnis und individuelle Behandlung zu schätzen wissen und nicht nur auf Informationsjagd sind, werden es Ihnen mit Treue danken.

Letztlich gibt es Methoden, die eine erfolgreiche Kundenbindung bewirken. Da aber durch die Masse an Anbietern mit individuell ausgestatteten Produkten und Dienstleistungen die scheinbare Vergleichbarkeit verloren geht und die Kunden dies erst merken, wenn sie bei der Anwendung feststellen, dass die Lösung nicht so war, wie sie sein sollte, wird das individualisierte Marketing an Bedeutung gewinnen.

Eine gewisse Standardisierung wird es immer geben, jedoch werden die Methoden der Massenabsatzmärkte immer mehr unwirksam werden. Die meisten Angebote im Internet sind von dieser Massenorientierung noch geprägt, substitutive und gesättigte Märkte besitzen jedoch die Qualität, dass deren Renditen und Gewinnmargen gegen NULL tendieren. Darum entwickeln Sie Ihren eigenen und persönlichen Verkaufsstil, der sich an Ihr Kundenklientel anpasst und das Beste für Ihre Kunden ermöglicht. Dann wird die Preisfrage auch zweitrangig sein. Warum? Das erfahren Sie jetzt im ersten Kapitel.

1 Praktiker sucht Praktiker

1.1   Wie das Leben wirklich ist

Verkauf ist umwoben von mythologischen, psychologischen und strategischen Gedanken, sodass so mancher Verkäufer sehr wohl den Weg in den Dschungel der Trainer und Berater findet, um diese zu erlernen, aber an der Machbarkeit scheitert.

Da gibt es die einen die Wasser predigen und selbst Wein trinken. Versprechungen für das eigene Seminar, die dann darin nicht in Erfüllung gehen.

Warum?

Dies will ich aus meinen über 20 Jahren praktischer Vertriebserfahrung heraus erklären.

Oder die vielen Techniken, die die wunderbarsten Erfolge verzeichnen sollen und doch meistens den Anwender scheitern lassen.

Warum?

Auch dies wird zur Sprache kommen und hoffentlich dem geneigten Leser helfen, den richtigen Weg zu finden.

Ich möchte den Verkauf ein wenig wieder auf die Beine stellen, auf welche er gehört. Und für den angehenden Verkäufer oder jenen, die sich auf dem Weg zum Profi hin befinden, werde ich die Verkaufskniffe entmystifizieren.

Ich spreche auch die Menschen an, die im alltäglichen Leben mit dem Erfolg kämpfen und an der einen oder anderen Sache scheitern. Es ist ein Verkäuferbuch und mancher Leser, der noch nicht so viel mit Verkauf zu tun hatte, wird an der einen oder anderen Stelle seine Schwierigkeiten haben. Aber ich hoffe, dass ich konsequent bleibe und kein „Fachchinesisch" einbringe. Das behalte ich den Theoretikern vor.

In einem Extrateil möchte ich die Erfahrungen von Jobsuchern einbringen. Denn die Suche und die Inanspruchnahme eine Position in einem Unternehen hat zu 100% etwas mit Verkauf zu tun. Dem Verkauf der eigenen Fähigkeiten.

Lassen Sie mich hierauf kurz eingehen. Wenn mancher Bewerber wüsste, wer da den angepeilten Job bekommt, würde sich dieser mit Berechtigung fragen: Wieso gerade der/die Bewerber/in?

Bei der neutralen Durchsicht der Unterlagen würde man und stellt man manchmal fest, dass der/die erfolgreiche Bewerber/in schlechtere Qualifikationen hat und die Berufserfahrungen auch nicht unbedingt für den Konkurrenten sprechen. Warum nun gerade dieser? Wenn so viele Punkte objektiv für einen sprechen? Nun, die erste logische Konsequenz, der sich der Einzelne stellen muss ist, dass es nicht objektiv zugeht.

Es entscheiden eben nicht immer die Leistungen, die der „Verkäufer" zu bieten hat, sondern welchen Vorteil der Anbieter für den Nutzer aufzeigen, untermauern und verwirklichen kann. Erstklassiges Gymnasium, super Berufsausbildung, Spitzenstudium und doch bekommt der gerade mal so durch gerutschte Abiturient und mit Ach und Krach bestandene Diplomand mit verschiedenen und wechselnden Tätigkeiten den Job. Wieso? Ist er besser? Welche Leistungen besitzt dieser, die man nicht hat?

Diese Fragen wurden auch schon in Bewerbungsschriften ausführlich durchleuchtet. Und da werden gute Ratschläge gegeben, wie: Strategie aufstellen, Einzelmaßnahmen definieren und durchziehen. Und … Und … Und … Warum scheitern dann doch so viele? Näheres dazu unter *Verkauf der Jobsucher und Bewerber*. Denn auch aus diesem Bereich kann der Verkäufer etwas lernen, denn im Verkauf geht es genauso zu. Nicht immer der mit dem besten Angebot (rein qualitativ) erhält den Auftrag. Für den Einen ist eine Blume ein Schatz; für den Anderen ist es Prestige. Zuerst muss man den Schatz von dem Prestige unterscheiden lernen.

Manch Pessimist sagt: Das Leben ist nicht gerecht, denn nur die Stärkeren gewinnen. Und der Optimist entgegnet: Du musst das Beste aus der Sache machen, dann wird das schon. Doch ist das die Wirklichkeit? Ist es richtig,

die Realität völlig schwarz oder völlig rosarot zu sehen? Ist das schon
religiös? Darf man Religion ins Verkäuferspiel einbringen? Was steckt
hinter der Religion des Verkaufs? Jetzt im nächsten Kapitel.

„Fordere viel von dir selbst und wenig von den anderen. So wird dir Ärger erspart bleiben." Konfuzius

1.2 Was hat Glauben mit Verkauf zu tun?

Es gibt genauso viele Religionen wie es Menschen auf der Welt gibt, denn keiner versteht eine Sache genauso wie der andere. Viele Menschen schließen jedoch im Zusammenleben einen Pakt ab, indem Sie verschiedene Glaubensansichten auf einen gemeinsamen Nenner bringen. Und je nach zeitlicher Epoche und den menschlichen Veränderungen im Wissensstand verändern sich die Glaubens-inhalte. Das einzige Beständige ist halt die Veränderung.

Es gibt auch eine Gruppe von Menschen, die glauben nicht an einen Gott oder an viele Götter. Die Atheisten. Aber auch diese Menschen haben eine Religion, der sie im alltäglichen Leben vertrauen und auf der ihre Gedankenwelt aufgebaut ist. Somit auch ein Glauben, aber ohne himmlischen Beistand.

Im Verkauf nun gibt es auch eine Religion. Diese Religion beruht auf dem Glauben des Erfolges, sowie alle Religionen auf dem Glauben beruhen, andere Menschen von ihrer Weltsicht zu überzeugen und als Mitstreiter zu gewinnen. Der Verkauf ist in gewissem Maß die symbolische Realisierung des Prinzips des Glaubens.

Zuerst einmal muss der Verkäufer seinen Glaubensartikel kennen. Wie überall gibt es da unterschiedliche Auffassungen. Einige stehen auf dem Standpunkt, dass es ausreicht, die wesentlichsten Inhalte zu kennen und auf die Bedürfnisse des zukünftigen Käufers abzustimmen. Diese Verkäufer arbeiten meistens an der Befriedigung eines einzigen Wunsches oder Bedürfnisses. Darauf richten Sie dann alle ihre Aktivitäten und ersinnen Argumente, die ihre These stützen helfen sollen, dass ihr Produkt dieses Bedürfnis stillt. Bedürfnis klingt ganz wissenschaftlich und will hier wie folgt als Beispiel im Raume stehen: „Ich habe Hunger."

Dies ist ein grundlegendes Bedürfnis. Es ist um 8 Uhr morgens. Ein Fleischver-käufer hätte jetzt schlechte Chancen, denn wer will schon um diese Zeit ein Schnitzel verdrücken. Jetzt gibt es aber einen Verkäufer, der bietet knusprig frische Brötchen an, sodass einem das Wasser im Munde zusammenläuft. Da dies ein guter [;-)] Verkäufer ist, macht er dem Kunden das zusätzliche Angebot: „Ich habe auch noch ganz frische Wurst!"

„Oh nein", antwortet der Kunde, „Wurst ess' ich morgens niiiieeee! Höchstens Käse. Aber ich muss es mir noch einmal überlegen, ob das das Richtige für mich ist."
Verkäufer gescheitert! Für diesen Moment. Und wenn er durch mehrere Angebote den Kunden für die zusätzlichen Verkaufsschlager nicht verunsichert hat (man ist über den Entscheidungsmoment hinaus und will nur noch weg) und gar nichts kauft, dann bekommt er seine Brötchen los.

Was hat dies nun mit Glauben zu tun? Nun hat der Verkäufer genau hingehört, dann hat er mitbekommen, das der Kunde nicht sagte: „Ich esse keine Wurst!" sondern nur eben nicht morgens. Ein kurzer Misserfolg. Doch glaubt er daran, dass der Kunde seine Artikel nutzen kann und das Bedürfnis Hunger stillen will, dann lässt er nicht locker. Ein leichtgläubiger Verkäufer sagt sich jetzt oder nach 20 und mehr Wurstabsagen: Wurst geht nicht. Und der Verkäufer hat seinen Glauben verloren. Nun vielleicht geht Wurst doch, nur eben nicht morgens, sondern eher mittags oder abends? Eben zu einer anderen Zeit oder vielleicht einem anderen Ort? In diesem Moment arbeitet der Verkäufer nicht nur an einem Produktvorteil, sondern an der Zielgruppe und deren Erreichbarkeit.

Wer kennt nicht den Aufenthalt in einem Hotel. Zu Hause kommen die wenigsten darauf, morgens Wurst zu essen. In einem Hotel mit überschäumender und dazu noch verführerisch aufgebauter Speisen ist man schon eher geneigt, Wurst auf's Brötchen zu legen.

Den Glauben an sich und seine Überzeugungen nicht zu verlieren, ist eine Grundvoraussetzung für den Erfolg. Dabei sollte man aber auf die Veränderung achten. Denn die eine oder andere Erfahrung kann den Glaubensinhalt zum Teil oder gar gänzlich ad absurdum stellen. Dies darf jedoch nicht täglich passieren.
Ein gewisses Maß an Sturheit sollte vorhanden sein, bevor man den Kunden oder sein Ziel von der „Wurstliste" streicht. Vorübergehend.

Es gibt Veränderungen im Leben, die den Artikel an und für sich in Frage stellen.

Zum Beispiel wenn der Kunde Vegetarier wird. Dann hat Wurst nicht heute, nicht morgen und in ferner Zukunft keine Chance. Dann ist ihr Glauben überholt. Er entspricht nicht der Realität. Es sei denn, dass diese neue Glaubenseinstellung der Menschen eine Mode ist.

Dann stellt sich eine grundlegende Frage! Ist Wurst noch angemesssen? Ist Wurst der Weg zum „Religionsziel" Hunger zu stillen? Glaubt der Kunde noch, mit Wurst seinen Hunger stillen zu können? Oder hat sich eine Glaubensveränderung ergeben? Wer muss sich jetzt anpassen? Der Verkäufer hätte jetzt die Möglichkeit mit noch mehr Energie gegen die Veränderung anzurennen und den einen oder anderen Kunden wieder zum Wurstessen zu bewegen.
Mit biologisch hergestellter Wurst. Mit Freiheit des Tieres bis zum Tod.
Und anderen Werbeslogans.

Oder der Verkäufer setzt sich zu dieser Krisenstunde nieder und überdenkt seine Ansichten. Er überdenkt nicht seine Religion (Hunger stillen), aber sehr wohl seinen Weg, Menschen dabei zu unterstützen, dies zu verwirklichen. Er ändert zuerst einmal seine Ansichten und Gedanken und Glaubenseinstellungen und bedenkt, welche alternativen Artikel es gibt, um den Menschen weiterhin zu helfen? Der Verkäufer hat hinzugelernt. Und der Kunde lässt sich von Marmelade, Honig und pflanzlichen Aufstrichen überzeugen.

Der Glauben im Verkauf ist damit eine fundamentale Voraussetzung, um das eigene Ziel, dem Kunden eine Hilfe zu bieten, zu verwirklichen. Die Wege dazu, sind so verschieden, wie es Farben gibt. Viele davon ähneln sich, aber haben einige wesentliche Unterschiede zu bieten. Dem Einen ist nicht dem Anderen seine Farbnuance.

Je intensiver man die Vorteile seiner Glaubensartikel kennt, kann man auch unterschiedliche Zielgruppen ins Auge fassen. Weiß der Verkäufer, welche Qualität Wurst haben sollte, dann kann er Wurstverkäufern anbieten, ihre Wurst zu kontrollieren, damit ihre Kunden immer zufrieden bleiben. Gleichzeitig könnte er kostenlos über verschiedene mediale Kanäle sein Wissen zur Verfügung stellen und Beratungen anbieten. Er positioniert sich zwischen seinen Zielgruppen. Die einen Vertrauen ihm (Kunden der

Wurthersteller) und hören auf seine Worte; die Anderen (Hersteller) wünschen seine Worte auf ihren Produkten, weil diesen vertraut wird.

Besitzt der Verkäufer eine kreative Ader, dann könnte er an der Entwicklung neuer Wurstsorten mitwirken. Ein anderer Kundenkreis des Verkäufers, dem man nicht vordergründig mit dem Glaubensziel „Hunger stillen" kommen kann. Hier müssen andere Vorteile her! AUGEN essen mit zum Beispiel.

Der Verkaufsprofi lernt nur durch seine Erfolge (sollte er) und durch seine Misserfolge (muss er).

Der Verkäufer sollte jetzt nicht beginnen, alles über das Produkt zu lernen bzw. wissen zu wollen. Die erste Frage die sich gestellt werden sollte, wäre: Lohnt sich der Aufwand dies zu wissen? Oder ist es besser, der Verkäufer fragt jemanden, wenn er in Zukunft Antworten braucht? Eines wird es aber nie geben. Das EINER alles über eine Sache weiß.
Es kommt hier auf die Einstellung des Verkäufers an. Wenn ein Verkaufstyp alles über das Produkt wissen muss, weil er partout eine Antwort geben möchte, dann lohnt sich der Aufwand möglicherweise. Wenn dies eine Frage ist, die ständig gestellt wird, dann lohnt sich der Aufwand auf jeden Fall. Denn die Kunden,
die vom Verkäufer überzeugt werden wollen, legen auf diesen Aspekt höchstwahrscheinlich besonderen Wert.

Der Glauben an das eigene Ziel hat mit dem Glauben an das eigene Produkt nicht viel zu tun. Dinge, Sachen und damit Produkte sind austauschbar und sollten es auch sein. Diese stellen letztendlich nur Symbole für die Zufriedenstellung eines Bedürfnisses/Wunsches/ Gedankens dar, das aktuell so verwirklicht wird.

Ich glaube zur Erreichung eines Wunsches stellt sich kaum ein Erwachsener heute noch hin und heult, was das Zeug (Taschentuch aus-) hält, um den Wunsch erfüllt zu bekommen. Es haben sich neue Wege aufgetan. Erwachsenere Wege. Und dieser symbolische Austausch sollte dem Verkäufer stets bewusst sein, wenn er zulange an einer Sache festhält, die langsam aber sicher nicht mehr erwünscht wird.

Heute Wurst, morgen Käse und übermorgen Brotaufstrich. Nichts verändert den Grundgedanken, den Menschen zu helfen ihren Hunger zu stillen. Nur wenn man im Sinne eines solchen Grundgedankens verkauft, wird man verkaufen und nicht zum Kleriker werden, der alles über eine Sache weiß, aber das Ziel nicht erreicht, dem Kunden den Nutzen zu überbringen.

Es geht hier nicht darum, ständig die eigene Produktwelt zu verändern, aber die neuen Entwicklungen und Produktlösungen stets genau zu beobachten und dann zur rechten Zeit das rechte Angebot zu unterbreiten. Menschen ändern sich im laufe des Lebens und werden damit ihre Prioritäten ändern. Als Verkäufer könnten Sie (insofern Sie die Freiheit besitzen) verschiedene Alternativen parat haben oder eben nur den Informationszugang als Produkt zu verkaufen und die Lösung der Produktbeschaffung anderen überlassen.

Das wird das nächste Thema sein *der Unterschied zwischen verkaufen und beraten.*

Jetzt, wenn Sie wollen und wenn Sie können.

„Zuerst ignorieren sie dich, dann lachen sie über dich, dann bekämpfen sie dich und dann gewinnst du" Mahatma Gandhi

1.3 Was ist der Unterschied zwischen beraten und verkaufen

Das Internet hält in immer mehr Bereichen unseres Lebens Einzug. Die Konkurrenz wird immer größer; die Entfernung immer kleiner, auch wenn der Mitwettbewerber hunderte Kilometer entfernt seine Dienste anbietet. Der Konkurrent sitzt quasi nur einen Klick entfernt.

Wo soll nunmehr der Unterschied hier zwischen beraten und verkaufen zu finden sein?

Die Mentalität bei Unternehmensgründungen in der Vergangenheit und den damit verbundenen Vertriebsaufbau sowie ~integration in der Unternehmensstruktur bestand darin, alles anzubieten. Von der Produktion bis zum Service und der Verkäufer war dabei ein Rädchen im Getriebe. Die neuen Möglichkeiten schaffen Raum für ein gänzlich anderes Verhalten als Verkäufer.

Stellen Sie sich vor, Sie würden z.B. via Internet Ihre Kunden zu einem kleinen Marktbereich „kostenlos" beraten. Im Zuge der Beratung würden Sie die Möglichkeit erschaffen, auf Ihrer persönlichen Beratungsplattform Links zu vielen Mitbewerbern anzubieten. Dies klingt stark nach Makler, hat aber vordergründig nichts damit zu tun.

Die erste Frage, die sich stellen würde, wäre: Wie können Sie Ihren Kunden unterstützen?

Informationen werden immer mehr zur Handelsware, aber auch in begrenztem Maße kostenlos über das Internet beziehbar. Sie geben Ihren Kunden das Wissen, was Sie haben und bieten gleichzeitig den Weg zur Lösung der Wünsche Ihrer Kunden mit an.

Wenn diese Kunden nunmehr auf die Links Ihrer Seite klicken, dann verdienen Sie Geld. Oder Sie vereinbaren mit Produktanbietern eine prozentuale Provision, wenn der Kunde mit Ihrem Link bei der Zielseite eine Bestellung abgibt.

Eine Mischung aus diesen Möglichkeiten erschafft einen Rahmen, der schnell Ihr bisheriges Einkommen in den Schatten stellen kann. Ihre Aufgabe besteht dann mehr darin, zu erfahren, was Ihre Kunden an Information suchen und diese aufzubereiten. Dies muss nicht nur virtuell erfolgen, sondern bietet Raum in allen täglichen Gesprächen.

Es sind nicht immer die direkten Antworten, die auf Fragen erteilt werden, welche die besten Ansätze enthalten. Hier ein versteckter Wink, dort ein scheinbar uninteressantes Detail und all diese Informationen zusammen getragen ergeben eine Wunschliste.

Natürlich werden Sie nicht alle bedienen können. Wie Sie schon an anderer Stelle gelesen haben oder noch lesen werden, ist es notwendig, das eigene Angebot auf eine Zielgruppe zu begrenzen. Diese Nische kann relativ klein sein, aber sie gibt für eine spezifische Information mit entsprechender Unterstützung bei der Marschrichtung vielleicht wesentlich mehr Geld aus.

Beispielsweise bereiten Sie das Thema „Solarenergie" auf. Es wird nur wenige hundert geben, welche kurzfristig über die Aufstellung oder Anbringung von Solarenergieanlagen entscheiden werden. Wer sich jedoch dafür entscheidet, wird nicht nur 100,- € ausgeben, sondern einige tausend. Bekämen Sie einen prozentualen Anteil von 5%, dann kann sich diese Zielgruppe schnell für Sie mit ein paar hundert € im Monat rechnen. Sie müssen nur stetig gefragte und wichtige Informationen mundgerecht aufbereiten und dann die entsprechenden Links parat halten. Es gibt schon viele, die diesen Weg gegangen sind. Es gibt dazu noch hunderte ergänzende Möglichkeiten, die alle ein paar € für den täglichen Lebensunterhalt beisteuern.

Beraten statt direkt verkaufen ist letztlich auch verkaufen. Natürlich können Sie die Informationen auch nur anschneiden und dann Ihr Wissen gegen bares als Printmedium, eBook, Podcast oder DVD-Tour/Video verkaufen. Durch die stetige Verfügbarkeit von Wissen und Informationen wird das Hauptaugenmerk in der Zukunft nicht das Wissen selbst sein, sondern die Aufbereitung bzw. das Zusammentragen desselben. Ermöglichen Sie nunmehr den Zugang zu diesem Wissen, das schon heute kaum über Suchmaschinen erfassbar ist (wer liest schon die 2. geschweige denn 3. Seite einer Suchanfrage), wird dieser Bereich immer interessanter. Sie ermöglichen sozusagen Ihren Kunden eine kostenlose Dienstleistung und verdienen mit den Lösungsanbietern.

Die heutige ergänzende Frage dazu ist der Kostenaufwand. Sie müssten über diesen Weg keine Rechnungen schreiben, hätten nichts mit Inkasso zu tun. Keine Reklamationen (es sei denn Sie schreiben „Unfug" auf Ihrer Webseite) und auch wenig Verwaltungsaufwand. Geringe Personalkosten. Kleines Marketingbudget. Was fällt Ihnen noch ein?

Als Krönung könnten Sie ein spezielles Verkaufsprogramm erschaffen, dass sich nur wenige leisten können und wollen, weil es sehr exklusiv ist. Da Sie mit dem obigen Geschäftsaufbau auf Einnahmen nicht stetig angewiesen sind, können Sie sich einen Expertenstatus erarbeiten. Wenig Aufwand, hoher Ertrag. Geringe Kunden. Einfache und exklusive Betreuung.
Sie denken, wir sind vom Kurs abgekommen?
Nein. Profiverkäufer wird man nicht, indem man von einer Sache immer mehr verkauft. Man wird es, weil man etwas einzigartig realisiert. Und dazu gehört heutzutage die Möglichkeit auf vielen Plätzen zu wirken.

Die Virtualisierung geschäftlicher Prozesse hat es in sich, dass sich auch der Beruf des Verkäufers stetig verändert. Es gibt Dinge, die werden immer real verhandelt werden (wer kann schon Haare virtuell schneiden- und selbst dass, denn es werden ja auch schon Operationen über große Distanzen durchgeführt), aber der Zugang wird sich ändern.
Informationen werden schneller verbreitet. Gute wie Schlechte. Und so werden Massenmärkte zu vielen kleineren Märkten mit ganz spezifischen Anforderungen, die mit einem einzigen Produkt nicht mehr abgedeckt werden können. Dafür wird es aber auch notwendiger, einen Navigator zu finden, der mir sagt, wo ich genau das, was ich will, finde. Und der mir zeigt, was ich wissen muss, um eine Entscheidung treffen zu können. Ein guter Ratgeber eben.

Sie sind sich nicht sicher, ob gerade Sie diese Dinge beherrschen? Dann lesen Sie das nächste Kapitel. Es ist eigentlich ganz einfach ...
Wenn Sie wollen, jetzt gleich.

„Unser Leben ist das, wozu es unser Denken macht." Marcus Aurelius

1.4   Fähigkeit kommt von TUN

Theoretiker vermögen die zugkräftigsten Möglichkeiten zu Papier zu bringen. Theoretiker stehen oftmals mit beiden Beinen in einem Labor, indem sie sich die entsprechenden Situationen zurecht biegen können. Und die Grundlage mancher Theorie ist die einseitige und teilweise quantifizierte Ergebnissammlung von Umfragen und dergleichen.

Aus diesen theoretischen Abhandlungen kommen dann Empfehlungen zur Handhabung bestimmter Situationen hervor, die manchmal funktionieren und manchmal nicht. Und in der einen Branche geht es nach dieser Theorie und in der anderen nicht. Und der eine Verkäufer vermag Erfolge damit zu erzielen und der andere nicht.

Meistens kommt dann die Aussage: Das kann nur am Verkäufer liegen!

JA. Es liegt am Verkäufer, weil er so gutgläubig ist und denkt, die eine oder andere Verkaufstheorie vermag seine Erfolgschancen zu erhöhen. Das Gegenteil ist der Fall. Solange diese Theorie eine Theorie eines Anderen ist, wird der Verkäufer keinen Erfolg haben. Jeder Verkäufer muss passend zu seinem Charakter und seiner Umgebung die eigene Verkaufstheorie entwickeln, die dann seinen höchst persönlichen Erfolg darstellt.

Wie kommen Sie nun dazu, für die entsprechende Situation die entsprechende Verkaufstheorie zu entwickeln und in der Praxis anzuwenden? Eigentlich ganz einfach: So wie Sie laufen gelernt haben. Und dann rennen. Dann schnell rennen. Dann 1. werden.

Machen Sie sich mit der Situation vertraut. Lassen Sie uns in diesem Punkt einfach einen Bewerber als Verkäufer heranziehen. Jemand sucht eine neue berufliche Herausforderung.

Der zukünftige Bewerber muss sich selbst verkaufen. Und wie schwer verkaufen ist, weiß jeder, der das schon durchlebt hat. 30 gar 40 und mehr Bewerbungen versenden, um einen Job antreten und ausfüllen zu können. Im Vertrieb wäre man mit einer solchen Quote längst verhungert, es sei denn man bewältigt dieses Pensum an einem Tag ;-). Eigentlich ist das kein

Verkaufen seiner selbst, sondern reiner Zufall und Glücksspirale. Man steigt in das rotierende Karussell ein und hofft, dass man irgendwann wieder aussteigt und irgendwas gefunden hat.

Der Jobsuchende hat einen Vorteil, die andere Jobinhaber nicht haben und der muss ausgenutzt werden. ZEIT. Zeit sich mit den Unternehmen, bei denen man sich bewerben und arbeiten möchte, kennen zu lernen. Informationen einsammeln, sich ein beständig erweiterndes Bild machen. Und trainieren. TUN.

Viele gute Bewerbungstrainer sagen, das man sich nur 5 Unternehmen heraussuchen soll, denn der Arbeitsaufwand, um diese Unternehmen kennen zu lernen ist enorm. Wie dies genau aussieht und was man richtig tun kann, an anderer Stelle (Siehe Kapitel Verkauf für Jobsucher und Bewerber) mehr darüber. Hier geht es darum, dass man es tun muss. Und seinen eigenen Stil finden, etwas zu tun.

Nur wer resigniert ist geschlagen. Und selbst wenn man auf der Verliererstraße ist, kann man noch etwas dazu lernen. Ich selbst habe mich bei einigen Unternehmen (kleineren und unbekannten U.) beworben, um Bewerbungsgespräche zu trainieren. Auch branchenfremde Unternehmen. Und da ich dort nicht arbeiten wollte, konnte ich ganz gezielt verschiedene Techniken ausprobieren und beobachten, wie diese wirken. Ich habe etwas getan. Und wer Übung bekommt (laufen lernt) kann sich daran machen, schneller zu laufen. Mit dem TUN kommt die Fähigkeit, sprich dass man etwas beherrscht. Besser als die anderen. Es tut mir leid für die Unternehmen, bei denen ich nie arbeiten wollte, an denen ich mich ausgetestet habe, aber ich denke, das ist legitim, denn die Unternehmen testen ebenfalls viele Menschen aus, bevor sie einen oder zwei einstellen.

Im Verkauf ist das Handeln und das Ausprobieren wichtiger als das Grübeln über mögliche Alternativen und „Wenn's und Aber's". Der Misserfolg sollte eine Stärkung sein. Es gibt nicht immer Regen. Irgendwann kommt der Erfolg und dann heißt es: AUFGEPASST!

Wieso? Wieso hatte ich jetzt Erfolg? Was habe ich anders gemacht als sonst? Wie reagierte mein Gesprächspartner? Oder was veranlasste ihn zu dieser Reaktion? Manchmal ist es eine Krux mit den eigenen

Charaktereigenschaften. Da gibt es eine Gewohnheit, die einem immer ein Bein stellt, wenn man dies nicht nötig hat. Vielleicht bei der Gehaltsfrage/der Preis des Produktes. Sie werden unsicher und ihr Gegenüber merkt das. Sie verdienen das Gehalt, was Sie wollen. Sie verkaufen den Preis, den Sie wollen. Wenn es realistisch ist. Umso höher das Gehalt (der Preis des Produktes), umso anstrengender und besser und intensiver muss man sich auf das Verkaufsgespräch (Vorstellungsrunde) vorbereiten. Wer etwas oft macht, bekommt Sicherheit in die Situation und man muss sich nicht auf jede Kleinigkeit konzentrieren.
Haben Sie einen Führerschein? Erinnern Sie sich noch, wie Sie Autofahren gelernt haben? Und müssen Sie sich jetzt noch darauf konzentrieren, wann Sie welchen Gang nehmen müssen und ob der Blinker noch an ist und … und … und …?
Eher nicht, wenn Sie schon einige Zeit Auto fahren. Es ist immer das Gleiche. <u>Erst laufen lernen. Dann schneller laufen und dann Erster werden.</u> Tägliche Übung.

Es gibt keine andere Möglichkeit. Auch das Studium verschiedener Verkaufsbücher (auch wenn ich damit meines mit einschließen muss) bringt keine wesentlichen Fortschritt, wenn man es nicht TUT. Sie können sich Anregungen holen, aber kein Mensch vermag sich von heute auf morgen grundlegend zu ändern. Eine schrittweise Veränderung der größten Hindernisse und dann das Nächste und wiederum danach das Nächste, ist der einzig reale Weg.

Die Erfahrung, die man dabei sammelt, stellt einen unheimlichen Vorsprung dar, weil viele es eben nicht tun! Wer ist schon arbeitslos, wenn man arbeitet und kennt sich mit allem drumherum aus? Wer weiß, wie man eine Bewerbung schreibt, was reinkommt, welche Farbe, Aussehen (Layout). Kreativität? Wie viel ist zu viel? Damit beschäftigt man sich doch nicht, wenn dies nicht dringend notwendig ist.

Da steht man vor der Tür des neuen Kunden oder der Sekretärin des neuen Arbeitgebers und man will toll ankommen, hat tagelang tonnenweise Papier gewälzt, Internetseiten durchforstet und Schulungen im Dutzend absolviert und doch will diese Angst aus der Magengrube nicht weichen. Da ist noch immer das Zittern der Knie und die Stimme versagt, als würde ein riesiger

Klops im Hals stecken, der sogar das Atmen erschwert.

Was nun? Fehl am Platz? Versager? Nein.

Wenn Sie die buddhistische Religion kennen (zumindest ein wenig), dann wissen Sie vielleicht, dass jeder Meister seine Schüler hat. Die Zen-Meister (z.B.) vermitteln gar nichts den Schülern, außer sich selbst zu erkennen. Sie geben Hilfsmittel mit auf den Weg.

Aber diese Meister sagen nicht: „Das muss du so und so machen, dann hast du Erfolg oder gar Erleuchtung."

Nein!
Sie unterweisen die Schüler. Aber sie lehren ihnen nichts. Warum? Weil der Schüler es s e l b s t   herausfinden muss. Nur dann kann er/sie dauerhafte Erkenntnis erfahren.
Im Verkauf ist es nicht anders. Das Prinzip ist immer dasselbe. Solange jemand einen Anderen nur nach äfft, wird er die Erfolge des Anderen nie erreichen. Erst wenn der "Lernende" lernt, mit seiner eigenen Charakteristika sein eigenes Erfolgskonzept zu entwickeln, dann wird er die gleichen oder gar noch größere Erfolge zeitigen.

Das ist letztlich die Essenz.

Wer Angst vor der Sekretärin hat, muss selbst zur Sekretärin werden. Es erfahren, wie es ist, andere zu empfangen. Wie nervig es ist und was gut ankommt. Natürlichkeit spürt jeder Mensch sofort. Künstliches Gehabe auch. Und wer damit Probleme hat, der sollte solange Büros aufsuchen und Termine machen, bis er merkt, das nichts dran ist an der Angst. Büros, mit denen man sonst nichts zu tun hat. Um zu lernen. Das ist unfair?

Na und? Wie viele Zuschauer müssen sich Werbung im Fernsehen ansehen, die sie ganz und gar nicht interessiert, damit der Werbende die eigene Zielgruppe erreicht?

Jeder lernt mit dem Anderen sich weiter zu entwickeln. Und wenn Sie dies nicht tun, sind Sie (pardon): dumm. Machen Sie sich keine Gedanken. TUN

Sie es einfach. Besuchen Sie Sekretärinnen. Versenden Sie Werbebriefe und telefonieren Sie nach. Klingeln Sie an Türen. Suchen Sie Orte auf, wo Ihre Zielgruppe ist und dann sprechen Sie diese an. Die Zielgruppe sagt nein. Umso besser, dann haben Sie gerade etwas gelernt.

Manche Menschen lernen nach dem Abgang von der Schule an nichts mehr dazu und wundern sich, dass sie auf der Strecke bleiben. Sie haben eben einen Wettbe-werbsvorteil erzielt! Sie wissen jetzt, dass ihre Zielgruppe auf ihre Ansprache nicht reagiert !!!

Manch eine Firma schmeißt Millionen zum Fenster für Werbung für ein Produkt raus, was keiner braucht. SIE erfahren das durch 20 oder 30 oder 100 Verkaufsgespräche und können lernen, selbstsicher mit ihrer Zielgruppe umzugehen. Wenn ihre Zielgruppe dieses – *Ihr* – Produkt nicht will, braucht und benötigt, was denn dann? Fragen Sie! Machen Sie den Misserfolg zum Erfolg. Wieder was gelernt. Selbstsicherer geworden. Und dann holen Sie sich das Produkt an Bord, was die Zielgruppe will.

Das wäre ein möglicher Lernprozess. Aber, den besten Weg und das wie, das können nur Sie allein herausfinden.

Sie müssen Ihren persönlichen Verkaufsweg suchen. Wie kommen Sie am besten an die Zielgruppe heran? Die Produkte sind unwichtig! Zuerst einmal. Wichtig ist, welche Wünsche Sie erfüllen wollen. Und wie das ihre Produkte schaffen. An dieser Stelle haben Sie ihr Produkt immer noch nicht erwähnt. Und das interessiert auch erstmal keinen Der Kunde will seine Ziele und Wünsche verwirklichen.
Und wenn er seine Gewinne damit steigern kann oder Kosten senkt, umso besser. Aber das ist nicht der Hauptgrund.

Warum geht denn noch jemand ins Restaurant? Um Kosten zu sparen? Kino? Urlaub? Spaßbad? Nichts von alledem hat mit Kostensparen zu tun. Das wurde nur als Argument von findigen Verkäufern erdacht. Denn manches Produkt schafft Arbeitserleichterung, spart an (geistiger) Energie und ermöglicht Entlastung, die unbezahlbar sind.

In der heutigen Zeit wird mit riesigem Tam-Tam auf die Geiz-ist-Geil-

Mentalität gesetzt. Dabei wollen die meisten Kunden nicht geil sein. Sie wollen sich ein ruhiges und sicheres Leben ermöglichen; ihren Platz im Leben finden und dabei noch ein paar EURO verdienen. Alles legitim. Doch jede Sache hat es in sich, das niemand alle Informationen zur Hand hat, um sich ein absolut genaues Bild zu machen. Selbst wenn ein Kunde sich bei mehreren Unternehmen Angebote einholt, hat der Kunde irgendwann die Nase voll vom Suchen.

Der Kopf will eine Entscheidung treffen und nicht mit einem bestimmten Thema ewig schwanger gehen. Der Geist will Abwechslung im Leben, um Neues kennen zu lernen und auszuprobieren.

Darum beeinflusst die Entscheidung in einem großen Maß, wie der Kunde behandelt wird. Jeder erfühlt auch ohne soziologisches Studium, wie der Kunde denkt und handelt. Und hier greift auch ein Erfolgsaspekt, der viel zu oft unterschätzt wird. Beziehungsweise glauben viele mit der Anwendung dieser Methode etwas zu verpassen.

Suchen Sie sich Ihre Kunden selbst aus!

Nehmen Sie jeden in Ihren Freundeskreis auf? Nehmen Sie sich die Erstbeste/den Erstbesten zur Ehefrau/Ehemann? Gehen Sie in jedes Restaurant ohne Rücksicht auf Ihre Vorlieben?

Ich höre eher ein NEIN. Aber mit den Kunden verfährt man nach dem Prinzip: Man muss mit jedem Kunden in Kontakt kommen und jeden Auftrag annehmen.

FALSCH!!!!

Erfolgreiche Verkäufer verzichten gerne auf Aufträge, wenn der Kunde eine Mentalität besitzt, die den letzten Nerv raubt. Führen Sie sich vor Augen, dass Sie meistens 2/3 Ihrer Wachzeit mit den beruflichen Dingen zu tun haben. Muss man sich da permanent mit Menschen umgeben, die man zum Tod nicht ausstehen kann? Oder die qualitativ nicht zu Ihnen passen?

Ich weiß, das ist eine Provokation. Aber wenn Sie einmal begonnen haben, auch Aufträge abzulehnen, dann erfüllt Sie die andere Arbeit mit viel größerer Freude. Und Sie strahlen Erfolg aus. Und die Menschen wollen mit erfolgreichen Menschen Umgang haben. Nicht mit Miesepetern. Und knallharten Drückebergern. Und Nervtüten. Sie sollten nicht so arrogant sein und dem Kunden sagen: Sie will ich nicht. Bleiben Sie höflich und machen Sie einen Preis, den der Kunde nicht annehmen kann.

(Er wird Sie als zu teuer und unannehmbar einstufen, aber nicht als arrogant. Wenn Sie natürlich Pech haben, kann es schon passieren, das der Kunde JA sagt, in der Annahme: Gute Qualität ist halt teurer. Dann werden Sie zumindest für den Stress mit einem nicht zu Ihnen selbst passenden Kunden entlohnt. Und so oft kommt dieses Phänomen nicht vor.)

Wie Sie sich einen individuellen Kundenkreis aufbauen können, das möchte ich im nächsten Teil des Buches erörtern. Lassen Sie sich jetzt etwas Zeit, um das hier Vorgestellte in seiner Tiefe zu erfassen. Machen Sie sich auch mit Ihrer persön-lichen Kritik und Ihrem Widerwillen gegen meine Gedanken vertraut. Finden Sie Ihr höchst persönliches Konzept.

Und wenn Sie wollen, dann schreiten Sie mit mir voran. Auf zum

Angstfaktor Kunde.

„Man kann einen Menschen nichts lehren, man kann ihm nur helfen, es in sich   selbst zu entdecken." Galileo Galilei

2 Wer ist Verkäufer

2.1 Angstfaktor Kunde

Ich möchte den Rahmen etwas größer ziehen. Es ist eigentlich der Angstfaktor vor dem Unbekannten. Wenn Sie eine/n Freund/in besuchen, dann haben Sie sicher keine Hemmungen, um zu klingeln und „Hallo" zu sagen, und „Hier ist Frank, kann ich mal reinkommen." (Wenn Sie Frank heißen, so wie ich – sonst hört sich das blöd an)

Doch wenn Sie vor einem neuen Kunden stehen oder bei einem neuen Arbeitgeber, dann ist diese Vorsicht da. Ein undifferenziertes Gefühl macht sich breit. Besitzt man keine Maßnahmen, um mit diesem Gefühl umzugehen, kommt Unsicherheit hinzu. Und dies zeigt sich ganz entschieden im Verhalten.

Den ersten Zahn, den ich ziehen möchte, ist die Ablehnung.

Kommen wir noch einmal auf unsere/n Freund/in zurück. Würde Ihr/e Freund/in jetzt antworten, dass er/sie keine Zeit hat, weil er/sie etwas wichtiges zu tun habe, dann wären Sie vielleicht etwas enttäuscht, aber nach einer kurzen Grimmig-Sein-Zeit würden Sie das NEIN einfach akzeptieren und später wiederkommen.

Passiert dasselbe in einem Büro bei einem neuen Kunden, weil man unangemeldet erscheint, dann gibt es eine viel differenziertere Reaktion. Da sind die einen, erfolgreichen Verkäufer, die nach dem Prinzip handeln:

„Die Herzensdame will langsam erobert werden!" und hinterlassen Ihre Visitenkarte. Sie sagen dann zu der Verkäuferin (Sekretärin) des Kunden: „Ich melde mich dann bei Ihnen in den nächsten Tagen."

Ich kenne einen Verkäufer mit einem individuellen Verkaufssystem, der sich für verschiedene Situationen Antworten erarbeitet hat. Diese kommen ganz natürlich herüber. Eine davon ist auf die Frage: „Der Chef hat keine Zeit. Es wird kaum möglich sein, einen Termin zu bekommen. Worum geht es denn? Lassen Sie Ihre Unterlegen einfach hier!" nach Situation: „Ich weiß noch nicht, ob ICH Ihrem Unternehmen *meine* Zeit widmen kann. Dafür muss ich Sie erst kennen lernen."

VORSICHT! … wenn diese Antwort nicht zu Ihnen passt.

Das Schlimmste, was es gibt, sind Hoffnungskandidaten. Sprich Kunden, die Sie immer wieder vertrösten oder gar vereinbarte Termine absagen. Möglichst noch mehrmals. Ich kann nur sagen: Hände weg. Wenn Sie wirklich mal dann drankommen, wird man Sie wie eine heiße Kartoffel abpellen und für einen in Aussicht gestellten Auftrag den letzten Heller raus pressen, sodass Sie gar nichts mehr verdienen. Oder man lässt den ganzen Frust an Ihnen ab und entlässt Sie in schlechter Stimmung. Aber Ihr nächster Kunde hat es verdient, gut behandelt zu werden.

Was tun Sie dann? Einen potentiellen Kunden in Ihre Kartei eintragen? Wochenberichte mit Daten füllen, damit Ihr Chef Ihnen nicht auf die Nerven geht? Entscheiden Sie selbst!

Ich würde: L O S L A S S E N !!!

Manche Planung geht von den zu erzielenden Umsätzen aus. Darum dreht sich alles. Kennzahlen, Soll/Ist – Vergleiche, Break-Even-Point (Gewinnschwellen-punkt) und dergleichen Controllingkennzahlen mehr. Diese Umsatzzahlen werden dann auf die Woche (Monat) herunter gebrochen und in die Anzahl der Verkaufs-abschlüsse transformiert.

Prima! Die Hatz kann beginnen. Die Jagdsaison ist eröffnet. Oder geht es auch anders? Es geht. Entscheiden Sie selbst:

Planen Sie doch einfach mal nicht die Umsätze sondern die Anzahl der Kunden (~kontakte), die Sie gewinnen möchten. Zielgruppenanalyse nennt man das im Marketing. Welche Kunden wollen Sie haben? Was für eine Mentalität haben diese? Welche Branchen? Welche Vertriebsmärkte? Erstellen Sie sich eine Liste von den Kunden, die Sie haben möchten. Nicht namentlich sondern welches Profil diese Kunden haben sollen (B2C). Welche Informationen wünschen diese?
Wo sind die Gemeinsamkeiten, wo die Unterschiede? Wer handelt schon

mit Ihnen (keine direkten Konkurrenten, sondern komplementäre Mitbewerber)?

Ich weiß. Jetzt formieren sich gerade meine Kritiker, die gleich anfangen mit schreien, das erst einmal Umsätze erzielt werden müssen, um zu existieren und um solche Änderungen vorzunehmen.

Natürlich ist dies eine Investition. Eine Investition in die Zukunft, die Sie jetzt **TUN**. Denn, wenn Sie jene Kundenanzahl in der gewünschten Größenordnung gefunden haben, die charakterlich und mental zu Ihnen passen, dann werden die Umsätze auch Größenordnungen erreichen, die weit über die vorgegebenen Umsätze hinausgehen. Zumindest im Verhältnis des Zeitaufwandes und den zu erzielenden Umsätzen.

Die Umsätze stellen sich einfach von allein ein, wenn man von der Jagd zur Dienstleistung abkehrt. Und es ist doch erbaulicher, zu Kunden zu fahren, die Umsätze tätigen und man eher Produktneuerungen verkauft, denn prinzipiell um einen Umsatz kämpfen muss. Es ist ein richtig gutes Gefühl Kunden ablehnen zu können, weil man mit diesem Kundentyp nicht zurechtkommt und kommen möchte.

Wenn Sie einem Mitbewerber, der eine ergänzende Dienstleistung dem Kunden schon anbietet und sie zusätzliche Informationen in Form einer Kooperation mitgeben können, wenn dieser Mitbewerber dem Kunden etwas liefert, dann steigen Ihre Chancen gewaltig!

Richtig! Der nicht gewünschte Kundentyp wird nicht einfach von der Bildfläche verschwinden, aber zumindest nicht so oft das Bild eintrüben. Auch dieser Kundentyp wird seinen Verkäufer finden, der mit derselben Mentalität ausgestattet ist und solche Kunden braucht. Alle Unternehmen, die konsequent auf Kundengruppen verzichtet und dafür mehr in die verbliebene Kundenanzahl investiert haben, haben wesentlich höhere Margen erzielt. Das ist am Anfang anstrengend und geht mit Umsatzverlusten einher. Dies sei hier ausdrücklich vermerkt.

Zumindest, wenn man einen Kundenstamm hat. Denn die nicht gewünschten Kunden müssen sich einen neuen Partner suchen, denen ihre

Mentalität passt. Oder zumindest jemanden finden, der jeden nimmt. Wünschen Sie Ihrem Konkurrenten viel Erfolg mit diesen Kunden! Sie können darauf verzichten.

Freuen Sie sich über den Qualitätsgewinn. Ab sofort haben Sie nur noch mit Kunden zu tun, die Sie kennen. Angst? Nein!!! Wenn Ihnen Ihre verbliebenen oder neu in dieser Gruppe zu gewinnenden Kunden sagen, sie hätten keine Zeit, dann haben diese keine Zeit. Dann stehlen Sie Ihnen nicht die Zeit, weil Ihre Kunden bei Drängelei nur halb zu hören werden. Und Sie haben die ganze Aufmerksamkeit Ihrer Kunden verdient. Und Ihre Kunden auch.

Es findet sich immer der richtige Moment. Wenn Sie bei Ihren Kunden um einen Termin bitten und die Lebenseinstellung Ihrer Kunden verstehen, dann werden Sie diese erfüllen. Und der Kunde wird Ihren Wunsch erfüllen. Sozusagen ganz nebenbei. Sie müssen sich nicht einmal anstrengen. Da Sie die Wünsche und Ziele Ihrer Klientel im Großen und Ganzen (inklusive kleinerer Abweichungen) kennen, ist es Ihnen in der Zukunft ein leichtes, alle Lösungsmöglichkeiten zu erarbeiten und parat zu haben. Sie tun dann immer das Richtige, weil Sie schon immer das Selbe tun. Ihre Kunden werden begeistert sein, weil Sie wie ein Prophet schon im Vorfeld zu erahnen scheinen, was Ihre Kunden brauchen. Dabei ist es doch nur wie mit kleinen Kindern. In den meisten Fällen erahnt man die Interessen von Kindern, wenn sie den ähnlichen Charakter haben.

DAS hat nichts damit zu tun, dass Sie alle Ihre Kunden mit demselben Brei abspeisen. Sie können aber viel gezielter individuelle Lösungen anhand ähnlicher Erfahrungen erstellen. Und meistens unterscheiden sich die Lösungen nur um charakterspezifische Aspekte.

In einer selbstkritischen Situation können Sie einmal andere fragen, mit welchem Kundenkreis der einzelne Verkäufer die meisten Umsätze erzielt. Sie werden feststellen, dass dieser Kundenkreis eng begrenzt und sehr stark austauschbar ist. Es ist ein zum Verkäufer passender Kreis. IMMER. Der Rest der Kunden (meistens zwischen 66% und 80%) werden so nebenbei mit bedient, weil diese das eine oder das andere benötigen.

Damit wird viel Zeit vergeudet.

Anstatt sich um diese 80% zu „kümmern", sollte der Verkäufer besser Kunden suchen, die zu seinen 20% bis maximal 33% passen. Dann gebe es nämlich den wundersamen Effekt, dass die Umsätze überproportional zum Wachstum der Kundenanzahl steigt, nachdem meistens eine Ausdünnung durch Kundenabbau erfolgte.

Würden sich Vertriebsleiter mehr Zeit für das Herausfinden der individuellen Verkaufsqualität Ihrer Verkäufer nehmen und dann die Kundenkreise dementsprechend zuordnen, könnten Umsätze in schwindelerregenden Steigerungsraten erzielt werden (selbstverständlich nur im Verhältnis zum Ist-Punkt).

Und was ist mit der Angst? Die ist weg! Denn jetzt kennen Sie ja Ihren Kundenkreis und Sie können schon am Anfang Ihrer Kundenkontakte entscheiden, ob der Kunde zu Ihnen passt oder nicht. Und dann wissen Sie, was Ihr Kunde in etwa wünscht, wenn er zu diesem Kreis gehört. Will er diese Dinge alle nicht, dann ist er fehl am Platz. Bei Ihnen.

Bei einem Kundengespräch zum Erwerb einer Autoversicherung saß ein Kunde vor mir,der nur um den günstigsten Preis feilschte. Ihn interessierte es nicht, die diversen Risiken zu überprüfen. Dieser wollte nur eine Versicherung nahe bei Umsonst. Prima, sagte ich mir, mit dem Kunden möchtest du nichts zu tun haben. Es soll ja ein Kundenkontakt sein, wo der Kunde wünscht, dass ich auf vernünftiger Vertrauensbasis für ihn die richtige Lösung suche. Ja, ich höre schon, dass dann immer von der Teuersten die Rede ist. Das stimmt a) fast nicht und b) werfe ich ein, möchte doch jeder für seinen Service und seine Arbeit angemessen bezahlt werden. Denken Sie über Ihre Branche nach. Wenn der Service für den Kunden sehr gut ist und seine Wünsche erfüllt werden, dann möchte Sie auch nicht für einen Stundenlohn von 3,86 € arbeiten.

Bitte schön. Wenn der Kunde das Billigste wünscht, bekommt er sie auch. Dann muss er seine Zeit investieren und im Internet suchen. Und dann hoffen, dass in dem Unternehmen der juristische Stab nicht größer ist, wie die Schadensabteilung. Das ist das Prinzip INTERNET.

Oder man ist auf Informationsvorselektierung. Dann recherchiert man im Internet mit, aber nicht ausschließlich. Ist man auf Einkaufstour, dann ist man auf seinen guten Verstand angewiesen, denn niemand wird einem beim Durchforsten der AGB und der Qualität helfen. Grafiken sind etwas Tolles. Aber die Arbeit und die Verantwortung, die sonst der Verkäufer übernimmt, muss man nun selbst erbringen. Und jeder kennt den Frust, wenn dann doch das Falsche gekommen ist und man niemanden findet, mit dem man kommunizieren kann. Das persönliche Gespräch ist und bleibt auch im Internetzeitalter das wichtigste Kommunikations-mittel. Irgendwann wünscht der Mensch ein reales Treffen. Ein Zusammen kommen. Trotz riesiger Chat rooms. Und niemand von den vielen, die im Internet bestellen und kaum Erfahrung bzw. Umgang mit Online-Kommunikation haben, macht sich im Vorfeld Gedanken, ob er das Ausfüllen von komplexen Formularen beherrscht.

Wenn dieser eine Kunde diese Dinge in Kauf nimmt und nicht Ihren Service wünscht, dann haben Sie keine Angst davor Ihrem Kunden NEIN zu sagen. Er passt nicht zu Ihnen. Und sollte dieser Kunde nicht in Größenordnungen bestellen, wo der Deckungsbeitrag weit überschritten wird und auch unter Listenpreis und auch unter Gewinnpreis verkauft werden könnte, dann machen Sie ihm einen Preis, den dieser Kunde nicht annehmen kann.

Ich muss an dieser Stelle sagen, dass mir Verkauf in diesen Momenten richtig lustig vorkommt. Ich mache mich nicht(!) über den Kunden lustig, sondern über die Situation. Ich sehe mich noch in vergangenen Zeiten, wie ich begann krampfhaft um diesen Kunden zu kämpfen. JETZT mache ich ihm ein Angebot, wo ich weiß, dass der Kunde das nicht annehmen kann. Und beobachte, wie die Kunden beginnen sich zu verbiegen, und um den einen oder anderen € feilschen. Ich muss dann innerlich immer herzhaft lachen und sehe mich da gegenüber sitzen, nur in der Position des Verkäufers und nicht des Käufers.

"Nein!" ist die Antwort und dabei bleibt es. „Du armes Würstchen." sage ich mir dann oft im Geheimen „So hast du dich damals also angestellt. Das kriegt doch jedes Kind mit, das du geil auf diesen Auftrag bist. Das du deine Schwiegermutter dafür verkaufst, um Umsatz zu machen."

Nun, vorbei die Zeiten. Ich entscheide, welchem Kunden ich etwas verkaufe. Egal ob ich bei der Neukundenakquise telefoniere oder persönlich mich vorstelle, Ängste des Versagens oder Druck gehört der Vergangenheit an. Ich habe mir irgendwann gesagt, der wesentlichste Unterschied zwischen dem täglichen Anschauen der Umsatzzahlen und dem quartalsweisen Betrachtungen liegt darin, dass man sich beim täglichen Anschauen wie ein gehetzter Hund vorkommt.

Natürlich steht mein Chef als unsichtbare Geistgestalt hinter mir und ermahnt mich, meine Umsätze zu erzielen. Genauso gibt es immer noch harte 12-Stunden-Tage, die richtig an die Substanz gehen. Nur mit dem wesentlichen Unterschied, das die Auswertungen hinterher zufrieden stellen.

Welche Situationen können außer dem Kunden noch Schweißperlen auf die Stirn treiben? Diese möchte ich im nächsten Abschnitt näher beleuchten. Folgen Sie mir, wenn Sie jetzt Zeit dafür haben.

„Wenn du ein Problem hast, versuche es zu lösen. Kannst du es nicht lösen, mache kein Problem daraus." Siddhartha Gautama

2.2 Angstfaktor Verkauf

Das Leben ist verkaufen. In Diskussionen verkauft man seinen Standpunkt. In Kundengesprächen verkauft man seine Bedürfnisbefriedigungen. In Bewerbungsgesprächen verkauft man seine Berufserfolge und Erfahrungen. Prinzipiell spielt die einzelne Persönlichkeit eine Rolle, aber diese sind wie manchmal behauptet nie der Kern des Verkaufes. Man verkauft sich nicht selbst. Wenn man dies macht, dann ist das wie beim Produktverkauf: Einer unter austauschbar Vielen.

Die eine Möglichkeit, die im Geschäftsleben propagiert wird, ist der direkte Vergleich. Dann werden zwei (oder mehrere) ähnliche Sachen miteinander in seinen Merkmalen verglichen und dann dem Preis gegenüber gestellt. Das ist Knochenarbeit. Weil hier das Prinzip gilt: Die Masse macht's.

Unter diesem Aspekt betrachtet ist es kein Wunder, wenn sich Bewerber mit 30 oder 40 Bewerbungen den Kopf einrennen. Denn es braucht nur EINEN zu geben, der sich nicht vergleichen lässt.

Machen Sie sich unvergleichbar und bauen Sie ein unverwechselbares Profil auf. Ihre berechtigte Frage ist, wie sich dies bewerkstelligen lässt, ohne ein Studium belegen zu müssen. Einfach ist es nicht, zugegebenermaßen. Aber es kostet Sie als (Kunden)Bewerber genauso viel Kraft sich zu vergleichen wie ein individuelles Erscheinungsbild aufzubauen. Mit dem Unterschied wenn Ihr Bild fertig ist, müssen Sie wesentlich weniger Zeit investieren, um ans Ziel zu kommen.

Prinzipiell sollte sich jeder Verkäufer eine eigene Verkaufskultur aneignen, wenn eine solche in der eigenen Firma nicht existiert. Diese Kultur sollte beinhalten, wie mit einem Kunden beim Erstkontakt verfahren wird. Darin sollte schriftlich festgehalten werden, was das persönliche Ziel des Verkaufs ist. Hier könnte sich zum Beispiel der Punkt befinden, dass Sie als Verkäufer den Kunden unterstützen wollen, seine Gewinne zu erzielen und die Merkmale Ihrer Produkte dazu auszunutzen. Nicht Ihr Wunsch nach möglichst viel Umsatz mit diesem Kunden steht hier im Vordergrund, sondern die Bedürfnisse des Kunden.

Sie sind natürlich kein Samariter. Sie müssen Gewinne erzielen und dazu muss man stehen. Dann sollten Sie sich Gedanken um Ihr Umfeld und Ihre Umwelt machen. Wer nicht bereit ist, seine Umwelt wohlwollend zu behandeln, sollte sich nicht wundern, wenn der Spiegel im Laufe der Zeit viele Kratzer vorweist.

Sie sehen vielleicht, dass es hier nicht darum geht, wie ich eine Beschwerde o.ä. behandle, sondern um die umfassenderen Ansichten, wie man sich im wirtschaftlichen und gesellschaftlichen Umfeld bewegt. Dies ergibt dann automatisch entsprechend des Grundsatzes „Man sieht sich zweimal im Leben" die Geschäftspartner fair und wohl wissend zu bedienen. Manche Verkäufe würden nie getätigt, würde der Verkäufer gleichzeitig in dieser Situation der Käufer sein. Eine redliche Basis hilft Übervorteilung zu verhindern.

Danach lösen sich manche Verkaufsängste von allein. Wir beginnen einfach einmal vom Schluss der Verkaufsverhandlungen. Die ständige Analyse der so genannten Abschlussfrage. Was ist dran? Wenn der Kunde zu mir passt und ich die „Fähigkeiten" unserer Produkte erläutert habe und „mein" Kunde diese Vorteile nutzen möchte, dann stellt sich meistens die Abschlussfrage gar nicht. Was sich stellt sind Abklärungen über Modalitäten. Hat der Kunde seine Situation nach der Notwendigkeit abgeklärt, dann ist der Vertrag praktisch unterschrieben. Will er nicht, dann gibt es nur eine Antwort:

ICH als Verkäufer habe schlechte Arbeit geleistet. Wie teuer das NEIN wird, ist dann eine Frage der Zeitinvestition, Musterprodukte und diverser Verkaufskosten. Wenn ich den Kunden nicht richtig im Erstgespräch eingeschätzt habe und dieser Kunde einer Mentalität entspricht, die nicht der meinen entgegenkommt, dann werden meine Argumente von vornherein nicht akzeptiert. MEIN Fehler.

Habe ich darüber hinaus den Wünschen des Kunden nicht genug Aufmerksamkeit geschenkt und die Fähigkeiten meiner Produkte benötigt der Kunde nicht, dann war das MEIN Fehler.

Habe ich Druck gegenüber dem Kunden aufgebaut, wo dieser nicht angebracht ist - es gibt Kunden, die Entscheidungen von sich aus nicht fällen können – dann war das MEIN Fehler.

Den Kunden trifft vorläufig keine Schuld am Scheitern der Verhandlungen. Einmal vom Business to Business abgesehen haben die Kunden in den allermeisten Fällen nicht die tief greifenden Kenntnisse über die besprochene Materie wie der Verkäufer.

Eine der hier oft begangenen Fehler des Verkäufers besteht darin, das Wissen des Kunden im Vorfeld nicht abzufragen, um Missverständnisse von vornherein aus dem Weg zu räumen. Beziehungsweise dem Wissen des Kunden entgegen zu argumentieren, weil dieser vielleicht ein fundiertes Teilwissen besitzt. Dabei besteht oft die Angst des Kunden darin sich zu blamieren. Und manch hochdotierter Mitmensch ist über Wissensaufklärung erhaben.

Haben Sie als Verkäufer das Wissen des Kunden im Vorfeld abgefragt, dann ist es auch möglich, dieses Wissen als Basis und Argumentationshilfe mit zu nutzen. Man kann auch mit den Worten des Kunden seinen Produktnutzen erklären und das mit dem unbezwingbaren Vorteil, das der Kunde dies sofort nachvollziehen kann. Ohne Fachchinesisch und dreifachen Wiederholungen.

Jeder Verkäufer kennt dies: Man sitzt mit dem Kunden in entspannter Atmosphäre, prüft die einzelnen Fähigkeiten des Produktes anhand der Bedürfnisse des Kunden, der Preis wird genannt und der Kunde sagt: Ja, ich will. Die Trauringe – ich meine natürlich die Vertragspapiere – werden getauscht und ein Erfolg steht wieder zu Buche.

Warum? Welcher Verkäufer stellt sich nach dem Abschluss die Frage: Warum? Die meisten Verkäufer sind nachvollziehbar in euphorischer Stimmung und machen sich über den Erfolg keine Gedanken. Obendrein flüchten viele nach erfolgter Unterzeichnung aus den Räumlichkeiten des Kunden, damit der Kunde es sich nicht noch anders überlegt.

Die Analyse dieses Erfolges ist genau so wichtig, wie der Vertragsabschluss selbst. Vielleicht noch wichtiger. Die Kunden richtig einzuschätzen verhilft in einer Art standardisiertes Verhandeln über zu gehen, ohne das es mechanisch wirkt. Ängste entstehen immer an Punkten, wo es zum Scheitern kommen kann. Kennt der Verkäufer seine bevorzugte Kundengruppe, so kann er Mißerfolgsstimmungen durch zu hoch geschraubte Erwartungen von vornherein aus dem Weg gehen. Letztendlich zeigt sich am Ende der Verhandlungen, wie gut der Verkäufer Vorarbeit geleistet hat.

Die so genannte Plauderphase am Anfang soll nicht dazu verleiten, dem Kunden tolle Stories zu erzählen, sondern aufmerksam den Kunden kennen zu lernen. Ist dieser Kunde ein schwieriger Verhandlungspartner, weil dieser bis zum Äußersten die Preise und Leistungen aus zureizen versucht und man innerlich nicht bereit dazu ist, soviel Provision abzugeben, dann kann der Verkäufer sich das Leben damit schwer machen, wenn er diesen Kunden in seinen Bestand aufnimmt. Der Aussage des Kunden, dass Verhandlungen über den Preis und höchste Qualität nur legitim sind, setzte ich entgegen, dass hohe Preise damit auch legitim sind. Niedrige Preise rechtfertigen damit einen Qualitätsverlust.

Wer in Kaufhäusern aufmerksam die Regale entlang schlendert und die Preise mit der Qualität aufwiegt, wird feststellen, das das richtig preiswerte (um nicht zu sagen billige) auch in seiner Qualität „preiswert" ist. Wer sich hierüber Illusionen macht und später darüber aufregt ist meines Erachtens selbst schuld.

Der Verkäufer sollte seine Leistungen herausstellen und den Preis benennen, der gerechtfertigt ist. Viele Verkäufer scheinen in eine andere Haut zu schlüpfen, wenn sie Kunden gegenüber stehen, die versuchen den Preis zu drücken. Es ist ein Irrtum, dass die Kunden eine Machtposition besitzen, wenn diese mit einem über den Preis verhandeln. Diese scheinbare Machtposition beruht darauf, dass es jemanden gibt, der schon Lieferant ist und eine Preisposition bezogen hat. Sie als Verkäufer glauben gar nicht, wie vielen Irrtümern und ärgerlichen Fehlkäufen diese Kunden schon aufgelaufen sind. Die Versuchung ist groß, einen konkurrenzlosen Preis anzubieten, doch am Ende entscheidet derjenige, der die größere Luft zum Atmen hat. Und das ist selten der Billigste.

Der Irrtum besteht darin, dass Kunden mit dieser Sprungmentalität (vom

Billiganbieter zum nächsten Billiganbieter) nie wirklich lange verweilen. Diese Kunden sind Geil auf Geiz und schnellem Geld. Diese Kunden wünschen keine Kunden-Verkäufer-Beziehung, weil dann ihre SCHEINMACHT sich auflöst. Wie viel schwerer fällt es, einem guten Freund zu sagen, dass es jetzt bitte 5% billiger sein muss, weil die Kohle nicht stimmt? Doch Kunden, die eine echte Betreuung und Unterstützung wünschen, bezahlen dafür auch. Und diese Kunden sind doch schon wesentlich treuer.

Ja, es gibt diese Einteilung in sicherheitsbetonte oder risikobereite Kunden. Doch das ist nur eine Momentaufnahme. Ich fühle mich an vielen Tagen als sicherheitsorientiert. Doch manchmal bei der einen oder anderen Sache gehe ich dann doch größere Risiken ein. Was ist mit der ganzen Theorie? Kaputt. Es gibt Momente und Umgebungen, da fühlt man sich sicher und in anderen nicht. Es ist eindeutig eine Frage des Augenblickes. Was doch wesentlich mehr zu Buche schlägt, ist doch der Charakter meines Gesprächs- und Geschäftspartners.
Wie ist dieser gegenüber meiner Lebens- und Geschäftseinstellung aufgestellt? Wie verhält er sich bei Verhandlungen? Welche Kompromisse ist dieser bereit einzugehen?

Daraus ergibt sich dann der Aufbau und Ablauf der Verhandlungen. Bevor man in Verhandlungen tritt, sollte man sich ein bestmögliches Bild von dem Gegenüber machen. Nicht einzig die finanzielle Macht entscheidet. Denn, es ist schon zu oft Realität geworden, das mächtige Firmen kleinere Lieferanten so eng an sich gebunden haben, das sie diese bei Fehleinschätzung der Lage mit in den Ruin rissen. Auch eben wegen dem „billigen" Preis, der es betriebswirtschaftlich nicht erlaubte Rückstellungen für solche Momente zu bilden. Diese Grundeinstellung für sich zu schaffen ist meiner Erfahrung nach wesentlich wichtiger als Top-Preise. Und wesentlich wichtiger als irgendwelche Zauberformeln, mit denen man die Kunden „herumbiegen" kann, wenn diese nicht wollen. Dies verursacht zu einem Großteil immensen Stress und schlaflose Nächte.

Ich bin mir sicher, dass man sich besser fühlt, wenn man den Erfolg nicht auf dem Rücken vieler Mitarbeitern erschaffen hat. Und je nach Situationen haben diese Menschen auch weniger Respekt vor mir als andere, die noch kämpfen aber fair mit Ihren Mitarbeitern umgehen. Dies mag bei 6 Milliarden Menschen nicht besonders aufregend und wichtig zu sein, doch ich kenne mittlerweile zu viele Glücksritter, die ein stattliches Vermögen aufgebaut haben und einen Freundeskreis besitzen, der nur so lange vorhanden ist, wie käufliche Dinge das Leben bestimmen. Schwindet diese Kaufkraft einmal, erkennt derjenige all zu schnell und all zu oft, dass da nichts außer heißer Luft ist. Schade drum, aber jeder muss diese Lektion halt lernen. Der eine früher, der andere später. Und ich kenne auch genug, die diese Lektion durchlaufen haben und mit wesentlich weniger wesentlich zufriedener sind.

Das ist kein Appell für gelebte Armut. Es ist eine Aufmunterung, sich über die eigenen Methoden und Umgangsformen im Geschäftsleben klar zu werden. Nicht mehr und nicht weniger.

Hat man als Verkäufer dann eine gesicherte Position bezogen, fallen demjenigen viele Dinge einfacher und Ängste vor dem Kunden gehören der Vergangenheit an. Angst im Verkauf ist mehr oder weniger darauf begründet, wie der Einzelne auf andere Menschen zugehen kann und den unbedingten Erfolg sucht. Doch wie im vorangegangenen schon geschildert, erst mit der Position auch Aufträge ablehnen zu können, gewinnt der Verkäufer seine tatsächliche Selbstsicherheit und höchste Schaffenskraft. Nicht alles machen zu müssen ist der einzige Weg die Berge des Verkaufes erfolgreich zu besteigen.

Wie hoch anerkannte Persönlichkeiten diese ihre individuellen Gipfel erklommen haben, möchte ich in den nächsten Abschnitten aufzeigen. Insbesondere auch, dass alle nur "mit Wasser gekocht" haben.

„Wenn ein Mensch behauptet, mit Geld ließe sich alles erreichen, darf man sicher sein, dass er nie welches gehabt hat." Aristoteles Onasis

2.3   *Historische Verkaufsgenies und ihre Entzauberung*

Jesus hat den Menschen gegeben, was sie wollten. Die Erfüllung einer Prophezeiung. Ein wundervolles Schauspiel auf der Weltenbühne. Er nutzte die Gedanken der Menschen, ihre Vorstellungen und Lebensansichten, kreierte daraus eine Uraufführung, um seine persönliche Sicht an den Mann und die Frau zu bringen.

Von den damaligen Anschauungen sind heute nur ganz wenige übrig und die, die übrig sind, sind teilweise noch völlig entstellt. Die grundlegende Idee von den Religionsstiftern, die sie oftmals selbst nicht kreieren wollten, ist ein intensiveres und friedfertigeres Leben. Zum anderen auch wussten die Religionsstifter oftmals über die teilweise unbegreiflichen Kräfte in den Menschen Bescheid, die viel größere Dinge zu richten vermochten als das Tagwerk andeutete. Die Menschen brauchten aber ein Ventil, durch das sie ihren Glauben an diese Kräfte schicken konnten. Ein solches Ventil konnte eine Religion sein.

Religionen, die mehr Gewalt als das Christentum in seinen Anfangstagen beinhalteten, wurden darauf begründet, neue Kräfte für das Überleben des eigenen Volkes ans Licht zu befördern. Durch die Religion wurde und wird eine wesentliche Angsttriebfeder außer Kraft gesetzt: Die Todesangst. Die Angst zu sterben und etwas zu verlieren kann unter Anwendung einer Religion ausgehebelt werden. Es spielt dabei keine Rolle, ob es einen wirklichen Tod gibt, oder ob es nur ein Irrtum des Menschen ist, dass der Mensch stirbt. Sondern allein die selbst aufopfernde Einstellung zu diesem Thema ermöglichte Kräfte frei zusetzen, mit denen überwältigende Feinde besiegt werden konnten. Die Beeinflussung der Materie mithilfe des Geistes war damit nicht mehr nur Philosophie sondern Realität geworden.

Diese Wirklichkeit jedoch unter die Menschen auszubreiten, war eine verkäuferische Schwerstarbeit. Überzeugen! Überzeugen! Überzeugen! Nichts anderes ermöglichte diese ursprünglichen Religionsstifter ihre Gedanken und Ideen an den Mann und die Frau zu bringen.

Und es gab und gibt Religionen, wo man sein Vermögen früher oder später der Gemeinschaft übereignet – sprich für das Kaufobjekt „bezahlt". Die Art und Weise solcher verkäuferischen Geschäfte sind in ihren grundlegenden Aspekten nicht anders geworden. Nur das es eine Vielzahl von Anbietern heutzutage gibt, die um den Kunden werben.

Buddha hatte seine Religion gefunden und wurde ein Verkäufer nachdem ihm angeraten wurde, diese sanfte Form des Glaubens an das Weiterleben und die Wirklichkeit zu verbreiten. Da Buddha – der Erleuchtete – keinen Lohn an nahm, aber doch ab und an Speisen und Getränk und Unterkunft benötigte, so ist dies auch eine Form der Bezahlung. Da sich Buddha rar gemacht hatte und nicht an jeden seine Religion „verkaufen" wollte, wurde er interessant.

So ist der wahre Verkauf. Sie müssen einige ausschließen, um es für andere interessant zu machen. Da kommen die Kunden von allein und wollen ihre „Verkaufsreligion" hören. Jeder Mensch weiß, dass es zu einem Thema tausende abweichende Meinungen gibt. Und doch wird dem einen mehr Glauben geschenkt als dem anderen.

Oftmals ist es so, dass Religionsstifter selten eine neue Religion begründen wollten. Sie wollten meist die Bestehende erneuern. Das eine oder andere Mal ist dies auch gelungen und die alte Religion wurde im frischen Gewand wiederbelebt. Die Essenz daraus besagt aber, dass das Neue selten noch das Alte beinhaltet und nur noch den Namen trägt. Wie haben die Religionsstifter es nun geschafft, die Menschen von ihrer Sache zu überzeugen? In dem sie nicht darauf pochten, diesen Glauben anzunehmen, aber wenn sie ihn annehmen würden, ungemein größeren Nutzen als bisher daraus zu ziehen. Und das sie vollkommen von ihrer Religion überzeugt waren. Sie haben ihre Religion gelebt, selbst die Erfahrungen gesammelt, die zu dieser Religion führten. Dies ist auch ein Grund, warum sie ihre Religion nie verraten würden. Es ist das letztendliche Ergebnis ihrer Lebenserfahrung.

Die Wege zum Ziel sind immer unterschiedlich. Aber es gibt einen Aspekt, der allen inhärent ist. Die Religionsstifter waren von ihrer Religion so sehr überzeugt, dass es keinen Zweifel geben konnte. Sie waren sich genau so sicher, wie, dass Sie wussten, dass am Morgen die Sonne aufgeht. Nicht dieses: „Oh' bitte lieber Gott lass morgen wieder die Sonne aufgehen.

Danke." Sondern: „ Ich weiß, dass ich den Menschen begegnen werde, die meine Unterstützung zur Erreichung ihrer Ziel wünschen."

Wenn man das verstanden hat, gibt es nichts, dass einem im Weg stehen könnte, sein Ziel zu erreichen.

Im Grunde genommen gibt es keinen Zauber um die historischen Verkaufsgenies. Es ist immer die Ansammlung von Erfahrungen, die in bestimmten Situationen den oder einen großen Erfolg ermöglichten. Dabei war immer ausschlaggebend, dass die Persönlichkeiten in der Vergangenheit schmerzliche Niederlagen einstecken mussten, bevor sie den Thron des Erfolges bestiegen.

Edison – der Erfinder der Glühbirne und diverser anderer Sachen – erlitt sogar den totalen Verlust seiner Produktionsstätten. Das würde manch einen in die Knie zwingen. Er stand nach einem kurzen Schock jedoch auf dem Standpunkt, jetzt habe er endlich die Möglichkeit ganz neu anzufangen und Forschungen von Grund auf anders zu betreiben. Er ließ einige Forschungen fallen und widmete sich anderen zu, wobei er neue Verfahren ausprobierte. Und es entstanden Dinge, die die vorherigen Erfolge bei weitem übertrafen.

Wenn Ihre Situation ausweglos erscheint, oder sich gerade Misserfolg an Misserfolg reiht, dann nutzen Sie die Chance es einmal ganz anders anzupacken. Zielen Sie nicht darauf, dass Sie etwas unbedingt haben möchten, lassen Sie sich auch einmal von den neuen Erfahrungen treiben. Wenn Sie aufmerksam sind und die Situation richtig erfassen, könnte sich ein riesiges AHA einstellen. So wie Buddha, als er seine endgültige Erleuchtung erfuhr. Das besondere an ihm und den buddhistischen Meistern nach ihm ist, dass sie nicht nur ein AHA erlebten, sonder beständig große und kleine Erleuchtungen erfuhren. Die Welt mit all ihren Dingen – sichtbar und nicht sichtbar - ist viel zu groß, um sie mit einem AHA zu erfassen. Seien Sie neugierig und freuen Sie sich auf das Kommende.

Das Mittelalter scheint in seiner schulischen Darstellung besonders dunkel und armselig. Sucht und findet man jedoch erst einmal die eine oder andere Persönlichkeit und beschäftigt sich mit seinem Umfeld und ihrer Zeit, stellt man zwangsläufig fest: Es war ganz anders.

Nicht so schulisch trocken und einsam und aschfahl. Spannend anders. Jede Zeit hat ihre besondere Faszination. Dieser Faszination nachzuspüren und einige inspirierende Gedanken mit in unsere Zeit zu nehmen sind eine lohnenswerte Beschäftigung. Letztendlich hat Buddha seinen Schülern mit auf den Weg gegeben, nichts von dem zu glauben, was er lehrte, sondern selbst nach dem „Urgrund" zu suchen; selbst die Erfahrung zu machen sowie das besondere Erlebnis der höchsten Freude zu genießen, wenn der Erfolg erlangt wurde. Es ist eben n i c h t blind etwas zu übernehmen und zu glauben, sondern solange zu hinterfragen bis die Antwort wie ein Freudenriesel die Gewissheit offenbart: „Ja, das ist die Antwort."

Verkauf ist nicht eben mal einen anderen den Glauben zu vermitteln, dass das anvisierte Produkt gut ist, sondern dem Kunden die Chance zu geben, sich selbst von der Leistung zu überzeugen. Der Kunde muss die Möglichkeit erhalten, den Erfolg auszukosten, den richtigen Entschluss getroffen zu haben.

Mit diesem Verständnis ist es klar, dass es nichts vorgefertigtes auf der Welt gibt, das nur einigen wenigen Superstars möglich ist. Jeder, der es ausprobiert und weitermacht, wenn der gewünschte Erfolg nicht gleich erscheint, wird meisterlich.

Die Lehren von gestern sind die Basis von heute. Und sie lassen sich nicht auf die heutige Zeit übertragen. Letztlich müssen diese Lehren auf eine gewisse Art zerstört und durch jeden selbst neu erschaffen werden. Erst dieses neu erschaffen wird das AHA bieten. Tausend Worte und Bilder vermögen nicht zu erklären, wenn Sie ein durchdringendes: „Ja, das ist es!" erleben. Und es ist Ihre Wahrheit. Nur für Sie gültig. Jeder andere könnte und wird diese Erlebnisse anders auffassen und interpretieren. Darum ist Ihre Wahrheit genauso gültig wie die Wahrheit jedes anderen.

Damit sind Sie Meister genauso GROSS wie die Verkaufsgenies vor Ihnen. Denn akzeptieren Sie Ihren Gegenüber und seine Auffassung und seine Wirklichkeit, dann geben Sie Raum für Veränderungen und dann bekommen Sie die Möglichkeit Ihre Produkte anzubieten. Versuchen Sie eine Entscheidung Ihres Gegenübers zu negieren und negativ zu besetzen, dann entsteht Widerstand. Dann werden Sie zum Kämpfer. Keiner der großen

Religionsstifter hat mit seinen Widersachern gekämpft. Sie haben das „IST" Ihres Gegenübers aufgenommen und das SOLL der Zukunft aufgezeigt und eine Variation ermöglicht. Letztlich sind die Religionen nichts Andersartiges. Sie sind einzig Konzentration.

„Es heißt, das wir Könige Gottes Ebenbilder auf Erden sind. Ich habe mich daraufhin im Spiegel betrachtet. Sehr schmeichelhaft für den lieben Gott ist das nicht." Friedrich der Große

2.4 Verkauf der Jobsucher und Bewerber

Einen neuen Arbeitsplatz suchen und finden soll etwas mit Verkauf zu tun haben?
Als Bewerber will man doch nichts verkaufen, sondern etwas haben?
Richtig. Der/Die Bewerber/in möchte Geld verdienen. Doch gleichzeitig will der Arbeitgeber etwas von ihnen. Ihr Wissen und ihre Fähigkeiten. Er kauft Sie praktisch in sein Unternehmen ein.

Es gibt umfangreiche Bewerbungsliteratur, die Aufbau und Ablauf von Bewerbungen darstellen. Ich möchte mich an dieser Stelle auf die Situationen beziehen, die das Verkaufen der eigenen Fähigkeiten zum Inhalt haben.

Als Ausgangsbasis möchte ich die manchmal ausweglos scheinende Position einnehmen, die Bewerber oftmals nach -zig Bewerbungen innehalten. Da sind Misserfolge aufeinander gereiht wie Perlen auf einer Kette. Die Niederlagen wollen nicht abreißen. Wenn man nicht schon mit dem Thema „neuer Arbeitsplatz" abgeschlossen und sich aufgegeben hat, dann schwingt ein „hoffentlich klappt das" mit. Schafft man es dann doch einmal in die Gesprächsrunden, sieht man die Nervosität und Angst des Scheiterns förmlich auf die Stirn des Bewerbers eingeprägt. Wie aus diesem Teufelskreis ausbrechen?

Es sei gewarnt: Es gibt Situationen, da landet man in Firmen, wo man vorher nicht dachte hinzukommen und dort eine Arbeitsstelle findet und ausfüllt. Seien Sie trotz aller Planung für weiteres offen.

Das Erste ist: Bauen Sie sich Selbstvertrauen auf. Ich spreche aus eigener Erfahrung, dass es manchmal schwierig ist, den Wunscharbeitsplatz zu bekommen, aber es geht. Und wenn Sie nur einen Teil meiner Erfahrungen nutzen können, werden Sie sich wundern, dass Sie sich die Arbeit aussuchen können. Ob die Entscheidung dann die Richtige ist, vermag niemand vorherzusehen.

Zuallererst sollten Sie sich Ihren Wunscharbeitsplatz ausmalen. Lassen Sie Ihre Geisteskräfte und Fantasie walten. Und wenn es total verrückt ist: TUN

SIE ES!
Beschreiben Sie umfassend die Fähigkeiten, welche Sie dabei wie anwenden.
Dann die Tätigkeiten, die Ihnen richtig Spaß machen! Es ist der Arbeitsplatz den nur Sie ausfüllen können, weil nur Sie die Kombination an Erfahrungen, Fähigkeiten und Wissen mitbringen.

Dann sollten Sie sich die 5 Firmen heraussuchen, bei denen Sie annehmen, dass Sie dort diese Arbeitsbedingungen finden. Klingt fast wie ein Märchen. Wer kann sich heute schon die Firmen aussuchen? Es ist doch schon okay, wenn man überhaupt eine Arbeitsstelle bekommt. Ja, für die meisten. Wie ich im vorherigen Abschnitt aufzeigte, ist in diesem Zusammenhang wichtig, dass Sie sich unvergleichbar machen. Erstellen Sie Ihr individuelles Profil, das diesen Arbeitsplatz, den Sie sich ausgesucht haben, ausfüllen wird. Sie müssen sich im Klaren über die Position und die Stellenbeschreibung des Arbeitsplatzes sein.
Was, wenn Sie nicht genau wissen, was dort verlangt wird? Sind Sie sich sicher, was Sie machen wollen, dann können Sie alternative Stellenausschreibungen dazu nutzen, sich über den anvisierten Job klar zu werden. Suchen Sie zum Bespiel eine Beschäftigung als Sachbearbeiter/in im Bereich Einkauf in der Firma XYZ, dann überlegen Sie, wer die Konkurrenz ist und wer dort einen Arbeitsplatz anbietet. Finden Sie in diesem Bereich eine Stellenanzeige, dann scheuen Sie sich nicht und rufen an und erbitten (per email auch z.B.) die Stellenbeschreibung. Es gibt Unterschiede in einzelnen Aspekten, aber die meisten geforderten Beschreibungen werden sich ähneln.

Doch Sie haben Scheu, nach der Stellenbeschreibung zu fragen?
Sie wissen nicht, wie Sie fragen sollen, weil Sie denken, Ihr Gesprächspartner wird am Telefon merken, das Sie nur die Stellenbeschreibung benötigen? Merkt er/sie nicht!

Sie müssen in dieser Kommunikation selbstsicher werden, denn für Ihre Wunschfirmen haben Sie nur eine Chance (zumindest für einen gelungenen Anfang). Wenn Sie etwas unsicher sind, dann nehmen Sie sich die Annoncenseite und telefonieren alles herunter, was da drin ist und fragen nach den Stellenbeschreibungen. Kostet etwas Geld, aber nach dem 10. Mal ist es Routine.

Und verkaufen ist 90% Routine und 10% Kreativität.

Sie verkaufen Ihre Fähigkeiten mit ganz individuellen Erfahrungen. Und vielleicht benötigt Ihr zukünftiger Arbeitgeber gerade Ihre Fähigkeiten, um sein Unternehmen gewinnträchtig zu positionieren. Wenn Sie die Stellenbeschreibungen für Ihre Wunschfirmen haben, sind Sie einen Schritt den meisten Bewerbern voraus. Sie wissen, wer wirklich gesucht wird. Sie können sich jetzt unabhängig von der in seinem Platz begrenzten, zukünftigen Stellenanzeige auf den Arbeitsplatz beziehen. Ist keine Stellenanzeige vorhanden: Noch besser. Sie sind fast konkurrenzlos am Start. Ihre Konkurrenten sind jene, die sich ebenfalls auf die Positionen blind beworben haben. Viele?

Doch bis dahin ist es noch ein Stück Weg. Jetzt, wo Sie alle Beschreibungen in der Hand haben, müssen Sie sich die individuellen Profile für diese Arbeitsstellen überlegen. Sie sollten nicht überall dieselben Bewerbungen hin schicken (wollen). Denn dann ist die Wahrscheinlichkeit groß, das Sie nicht ins Ziel treffen. Auch sollten Sie sich die Frage stellen, ob Sie noch zu der Wunschfirma passen. Es könnte sich auch ergeben, dass Sie diese Tätigkeiten gar nicht mit Leben ausfüllen wollen und in eine ganz andere Richtung tendieren. Offen für Neues bleiben ist immer wichtig.

Besondere Empfehlung. Suchen Sie Stellenanzeigen, die teilweise ihre Wünschen erfüllen. Z.B. Sie wollen schreiben: Texteranzeigen. Sie wollen Kundenkontakt: Aussendienstanzeigen. Sie wollen …: ...anzeigen. Dann setzen Sie wie ein Puzzle die Berufe, Tätigkeiten zusammen. Was kommt dabei heraus? Welche Position ist das? Die Antwort wird nicht sofort kommen. Sie brauchen etwas Geduld. Aber es ist spannend!

Nun erstellen Sie für die einzelnen Firmen und Branchen (falls es da Unterschiede gibt) spezielle Bewerbungsunterlagen: Mit individuellen Passfotos, die Farbe des Papiers sollte in dezenter Form der der Zielfirma entsprechen. Solche Informationen kann man über das Internet beziehen.

- Was für ein Team arbeitet dort?

- Welche Kultur wird in den Firmen gepflegt?
- Wie sind die Hierarchieebenen?

Sie fragen sicherlich, wie man an solche Informationen heran kommt? Dafür muss man nur im Internet nach Nachrichten dieses Unternehmens suchen. Umwelt- und Sozialengagement sind Beispiele für solche Aktivitäten, womit man Rückschlüsse auf die Kultur schließen könnte. Werden Sie in diesem Zusammenhang Mitglied in verschiedenen Internetplattformen. Dies ist eine wichtige Investition.

Hier lernen Sie vielleicht Menschen kennen, die in diesen Unternehmen arbeiten und im Vorfeld Informationen von unschätzbarem Wert besitzen. Zumindest weiß der eine oder andere etwas von dieser Firma. Ob diese Infos der Wahrheit entsprechen, weiß niemand. Deswegen mit gesunder Skepsis ins Auge fassen.
Gehen Sie auch davon aus, dass Sie nicht unbedingt eine direkte Empfehlung für eine Bewerbung bekommen (Man kennt Sie ja nicht!). Aber betrachten Sie jeden Kontakt als

- potentiellen Arbeitgeber
- als Empfehlungsgeber
- als Informationsgeber
- als Mediator
- als Verhaltenscoach (wie bewegt man sich in der Firma des Kunden)

Sie müssen in diesem Zeitabschnitt alles tun, um ihre Unternehmen kennen zu lernen. Vielleicht können Sie bei diesen Unternehmen etwas kaufen/leihen. Oder einen anderen Dienst in Anspruch nehmen und die Arbeitsweise dieser Firma kennen lernen. Und natürlich Menschen von diesem Unternehmen.
Wichtig ist auch, dass Sie herausbekommen, wer der Personalleiter oder der Empfänger der Bewerbungen ist, damit Sie einen persönlichen Draht zu dieser Person aufbauen können.

Während dieser Phase sollten Sie auch die Bewerbungsunterlagen fertig stellen. Diese versenden Sie nicht in Masse aber im Maße an vergleichbare Unternehmen. Dann wenn Sie keine Antwort erhalten, fragen Sie nach, warum nicht. Sie müssen als Verkäufer Ihres Produktes „Persönliche Fähigkeiten" ständig in Bewegung sein. Ich bin mir sicher, die meisten arbeiten nicht jeden Tag 8 Stunden an Bewerbungen. Würden die Menschen dies tun, würden Sie feststellen, das Bewerben gar nicht so schwierig ist. Mit den richtigen Ansätzen natürlich. Lernen Sie hier den richtigen Aufbau Ihrer Bewerbungen gestalten und wie Sie Lücken legitim kaschieren. Nicht auf Kosten einer Lüge. Literatur dazu gibt es in Genüge. Im Verkauf sagt man auch, die Stärken des Produktes herausstellen und die Schwächen nicht erwähnen, die werden dann im Gespräch nachgefragt. Dort sollten Sie natürlich passende Argumente oder alternative Wirkungen parat haben. Nichts ist perfekt! Und das weiß auch jeder.

Wenn Sie hier Rückinformationen bekommen, dann können Sie Ihre Unterlagen ständig perfektionieren. Wenn Sie so konzentriert an Ihren Unterlagen arbeiten und auf die Stellen mit Ihrem Hintergrundwissen sich bewerben, dann bleibt es nicht aus, dass Sie zu einem Vorstellungsgespräch eingeladen werden.

Verkaufen Sie Ihre Fähigkeiten richtig. Dafür muss man die Verhandlungen über den Arbeitsplatz auch genau führen. Wenn Sie jemanden kennen lernen, dann fragen Sie doch auch nicht, ob die Dame/der Herr nur eins oder besser zwei Kinder mit Ihnen haben möchte.

Sie müssen zeigen, dass Sie interessiert sind und die Firma kennen, aber gleichzeitig, dass Sie nicht mit der Tür ins Haus fallen. Und dass Sie notfalls nicht auf das Unternehmen angewiesen sind. Eine gewisse Distanz wahren ist in Ordnung. Wer jedoch das Innenleben kennen lernen möchte, muss in die Höhle des Löwen.

Gehen Sie hin in das Unternehmen und lassen Sie sich beraten. Erkunden Sie, wie die Mitarbeiter wirken. Sind sie gelöst und freundlich? Oder angespannt und stressig? Wie lange dauert eine Bearbeitung? Versuchen Sie zu dem Personal vorzudringen, dass Sie später selbst sein wollen. An dieser Stelle empfiehlt es sich, ein anderes Unternehmen aufzusuchen und den Arbeitsplatz dort kennen zu lernen und zu üben. Ich bin mir sicher, dass Unternehmen ein starkes Interesse zu schätzen wissen. Und: Geben Sie nach dem ersten NEIN nicht auf. Noch besser kommt nämlich Engagement

und Durchhaltevermögen an. Und in einigen Fällen wird dies getestet, ob ein Bewerber gleich beim ersten NEIN die Waffen streckt.
Übrigens: En passent können Sie ja den Unternehmen (wo Sie nicht arbeiten wollen) ein Feedback geben, wie diese wirken und was besser gemacht werden könnte. Manch Unternehmen wird sich darüber freuen. Man weiß ja nie!

Noch einmal an dieser Stelle: Lassen Sie sich die Stellenbeschreibung zukommen.
Lernen Sie das Unternehmen/ die Stelle persönlich kennen. Erstellen Sie nur individuelle Bewerbungen. Maximal 5 Unternehmen sind vollkommen ausreichend und bieten Arbeit für 40 Stunden in der Woche. Sammeln Sie Informationen über das Unternehmen.

Bewerben Sie sich für die vakante Stelle mit individuellem Hintergrundwissen!

Was ist mit Kreativität? Ein Beispiel aus meiner Verkaufspraxis. Um einem Kunden zu verdeutlichen, was er/sie bisher erreicht hat und noch erreichen kann, nehme ich einen Zollstock mit einem Maß von 100 cm und lasse mir zeigen, wie alt er/sie ist. Dann kann ich leicht bestimmen, wie viel Zeit bei einer Lebenserwartung von 80 Jahren noch vor ihm liegt. Dann kann der Kunde mit mir selbst sehen, dass noch alles möglich ist, wenn er JETZT beginnt, sein Leben nach seinen Vorstellungen zu gestalten. Der Kunde erkennt dass er/sie noch genug Zeit hat, um verschiedene Ziele zu erreichen. Wenn er jetzt beginnt!

Welche kreativen Möglichkeiten Sie an den Tag legen, um ihren zukünftigen Chef zu überzeugen, kommt auf die Position an, auf die Sie sich bewerben. Ein kleines AHA kann nicht schaden, ein übertriebenes Austoben kreativer Elemente verrät dem Chef vielleicht, dass Sie zu verspielt sind, um ernsthafte Dinge zielgerichtet voranzutreiben. Kreativität kann sich darin äußern, dass Sie wissen, was das Unternehmen macht, wo es sich engagiert, welche sozialen Projekte es unterstützt. Eine Verknüpfung zum Unternehmen herstellen ist okay. Es in allen Einzelheiten nach äffen kommt als Überrumpelungstaktik nicht gut an. Bleiben Sie auf dem Boden!

Überlegen Sie sich, welche Maßnahmen dem Unternehmen helfen könnten, in einem Bereich effektiver zu arbeiten. Oder Sie haben Kontakt mit dem Unternehmen und schildern in Ihrem Bewerbungsschreiben (auf Seite 3), was Sie in einer Situation besser gestalten würden. Vielleicht das Sie Bearbeitungszeiten verkürzen könnten. Oder das Sie Erfahrungen aus anderen Bereichen zur Überlegung anbieten.

Dies bringt dem Unternehmen einen Mehrwert und macht Sie interessant. Denn Unternehmen werden im täglichen (Wett)Kampf mit den Mitbewerbern betriebsblind und finden manchmal keinen Ausweg. Da sind frische Gedanken gern Willkommen. Schlagen Sie eine Lösung vor. Nicht mehrere Dinge gleichzeitig. Das untergräbt Ihre Position und stellt Sie als Besserwisser hin. Versuchen Sie mit dieser Lösung den Nerv des Unternehmens zu treffen.

Verraten Sie nicht wie Sie es besser machen würden, sondern was und mit welchem Ziel.

Das WIE soll die Spannung halten und ist für das Bewerbungsgespräch bestens geeignet, ihr Selbstbewusstsein zu untermauern. In der Werbung wird auch nicht der Preis genannt und was das Produkt alles kann, Es zeigt nur, wie es einen bestimmten Nachtteil in einen Vorteil umwandelt oder eine Lösung für ein Problem darstellt. Es spricht das Gefühl an! Zahlen und Fakten sind nur bei wenigen Menschen zugfähig. Aber als Unterstützung bestens geeignet.

Wenn Sie es noch schaffen, einen Annäherungswert an Zeit- oder Geldgewinn aufzuzeigen, dann haben Sie im Gespräch die volle Aufmerksamkeit Ihrer Gesprächspartner. Die Menschen sind nun einmal neugierig. Und die beständig gleichen Handlungen machen anfällig für Neues. Unbekanntes. Etwas, das einen neuen Reiz bietet und die Neugierde befriedigt.

Übung macht den Meister. Und so will auch dieses besondere Bewerbungs-gespräch geübt sein. Es ist nämlich ein Verkaufsgespräch. Sie verkaufen jetzt Ihre Idee, etwas besser zu machen als vorher. Sie brauchen Argumente. Sie brauchen vielleicht einen Maßnahmenplan, der den Ablauf aufzeigt.

Nicht bis ins Detail, aber so weit gediegen, dass die neuen Chefs sehen, dass Sie sich mit dem Thema umfassend beschäftigt haben.

Den Ablauf eines solchen Bewerbungsgespräches kann man schwerlich aufzeigen. Aber man kann sich auf bestimmte Fragen vorbereiten. Man kann auf bestimmte Fragen treffende Antworten parat haben, die ins Schwarze treffen. Gute Verkäufer haben aus ihrer Erfahrung heraus auch solche Standartantworten. Eigentlich mehr Gedanken als ausformulierte Sätze. Denn Sätze klingen immer hölzern. Manchmal passt der Sprachcode nicht. Denn man kann nicht dasselbe einem 18jährigen Lehrling und einem hoch dotierten Professor sagen. Wenn der Gedanke jedoch steht, kann man als Verkäufer/Bewerber den Satz individuell formulieren. Und auch das muss man üben.

Lassen Sie sich darum nicht von dem Gedanken leiten, alles perfekt vorbereitet zu habe. Raum für Flexibilität ist wichtig. Denn was für einen Eindruck würde es machen, wenn Sie auf eine Frage, die gar nicht zum Thema passt eine vor formulierte Antwort geben, die etwas völlig anderes zum Ausdruck bringt.

Als taktische Finesse wäre es, dem Chef zu sagen: „Auf diesen Punkt komme ich gleich zu sprechen. Zuvor muss ich Ihnen die möglichen Einspareffekte/ zusätzlichen Gewinne/etc. noch aufzeigen. Dann können Sie meine Gehaltsvorstellungen viel besser einordnen."

Das wirkt professionell und es hält die Spannung. Ist man als Bewerber/in einigermaßen relax (was bestimmt schwer fällt, aber bei genügend Routine möglich ist), dann kann man sehen, wie der Chef anfängt zappelig zu werden. Jetzt kann man die Spannung nach oben treiben und nach dem verkäuferischen Prinzip „Geben und Nehmen" hin- und herziehen. Das Prinzip besagt, dass man dem Anderen etwas aufzeigt, was er haben könnte und dann wieder weg nimmt. Zum Beispiel: „Sie könnten mit diesem Verfahren XYZ € einsparen, aber dafür ist eine gewisse Investition nötig."

"Natürlich kenne ich ihre ganzen Prozesse noch nicht, so dass gut mehr Gewinnpotential darin stecken könnte.", setzen Sie fort und die Spannung steigt „Deswegen wäre eine genaue Voruntersuchung von meiner Seite nötig. Wären Sie bereit für das komplette Projekt 80.000 € im Jahr zu investieren, wobei mein Gehalt darin schon eingerechnet ist?"

Jetzt ist die Katze aus dem Sack, aber der Chef ist noch auf Hochspannung. Sie haben die Initiative in der Hand. Schön verpackt. Nicht: „Ich will 40.000 € und dann sehen wir mal." Nein, Sie bieten gleich einen Nutzen mit an und wie Sie sich den Anfang vorstellen. Okay, das ist nicht in allen Bereichen so möglich. Aber auch jemand der sich auf eine Produktionsstelle bewirbt, kann sich vor informieren. Wobei wir ja hier in einem Verkaufsbuch sind und weitestgehend über Verkäufer reden.

Wie viel muss produziert werden? Welche Schichten gibt es? Wo ist das Werk? Was für Technik wird benutzt? Welche Maschine wird bedient? Welche Erfahrungen werden verlangt? Kennen Sie die Abläufe? Wie viel Zeit haben Sie pro Produktionsprozess? Welche Aufträge hat das Unternehmen aktuell?

Sie glauben nicht, dass solche Informationen von den Unternehmen herausgegeben werden? Irrtum! Gerade mehrere Aufträge zeigen neuen Auftraggebern, dass das Unternehmen floriert und fähig ist, finanziell und personell den Auftrag zu schultern. Das sind Informationen, die man nicht auf dem Tablett serviert bekommt, aber man kann es herausfinden. Rufen Sie doch einfach mal an und sagen, Sie möchten dem Unternehmen einen Auftrag erteilen, wären aber an Referenzaufträgen interessiert, wo Sie sich von der Leistungsfähigkeit überzeugen könnten (soweit das räumlich möglich ist). Lassen Sie sich im Branchenjargon etwas einfallen. Probieren Sie sich aus und stellen fest, wie es wirkt.

Ich habe bis hierher es so dargestellt, als wären Sie ein Bewerber. Vielleicht sind Sie auch einer. Aber in allen Bereichen konnte man den Verkaufsprozess erkennen. Die Parallelen sind groß, nur dass eben kein Produkt verkauft wird, sondern die eigenen Lösungsfähigkeiten.

Aber bedenken Sie immer. Sie müssen die Gedanken auf sich selbst abstimmen, sonst wirken sie hölzern und damit unglaubwürdig. Und wie schon beschrieben künstliches Gehabe merken die Menschen. Dadurch zerstört man die vorher mühsam aufgebaute Gesprächsebene. Wenn Sie wollen und wenn Sie können einige wichtige Aspekte erfolgreicher Verkaufsgespräche werden im nächsten Teil behandeln. Folgen Sie mir!

„Es ist nicht der Berg, der dir zum Klettern zu hoch erscheint, es ist der Kiesel in deinem Schuh." Muhammad Ali

3   Was ist verkaufen

3.1   Verkaufen ist Zuhören

Was ist das Schwierigste im Leben? Richtig gelesen: Das Zuhören.

Oftmals regt sich beim Hören bestimmter Aussagen sofort innerer Widerstand, der sich zum Ausdruck bringen will. Und manch ein Verkäufer vergisst dabei, das der Kunde beständig Informationen über sich abgibt. Diese zu erfassen, ermöglichen es eigentlich erst, erfolgreich und umfassend Produkte an den Mann (und natürlich die Frau) zu bringen.

Seien Sie wachsam. Die alte Weisheit: ‚Wer fragt, der führt‘ ist nicht nur ein Spruch. Es ist nicht nur die Information, die Sie mit den Worten Ihres Gesprächspartners erreicht, die wichtig ist. Auch die unausgesprochenen Dinge spielen eine Rolle, mit deren Hilfe Sie Ihren Gesprächspartner besser einschätzen können. Es ist eine einfache Logik, dass Ihnen Ihre Kunden mehr vertrauen, wenn Sie Ihre Kunden verstehen. Es gibt nichts schlimmeres, als einem Kunden ein Angebot zu machen, mit dem er rein gar nichts anfangen kann, weil es nicht zu ihm passt. Aus meinen Erfahrungen heraus ist ein Kunde nicht Willens, einen Vertrag mit mir zu schließen, wenn ich ihm eine festverzinsliche Anlage empfehle, obwohl der Kunde in Aktien und derlei Fonds vernarrt ist.

Bei einem Kunden, der nichts mit Vollkorn anfangen kann, ist es ein fehl laufender Versuch, ihm Brot oder Brötchen in diesem Produktsortiment anzubieten. Einem Kunden, der von einer Moderichtung nichts hält, wird man nicht an sich binden, will man ihm mit Verkaufstechniken doch das eine oder andere Kleidungsstück verscherbeln. Diese Gespräche laufen alle in die Sackgasse und sind oftmals auf schlechtes Zuhören zurück zu führen.

Um auf das Fragen zurück zu kommen (das ich später noch ausführlich behandle), das Fragen ermöglicht Ihnen ebenfalls über Ihre Antworten nachzudenken. Schnellschüsse können gut beim Kunden ankommen, aber sie übermitteln oft ein ganz anderes Gefühl. Es wirkt nach dem Prinzip: Der Gesprächspartner hat immer eine Antwort und das Produkt erscheint über jeden Nachteil erhaben zu sein. Das macht misstrauisch. Und ist Misstrauen erst einmal aufgebaut, beginnt eine knochenharte Phase, diese wieder zu entkräften.

Das Zuhören ermöglicht Ihren Kunden auch die Möglichkeit, sich aus zuschütten. Frust ab zu lassen. Die schwierigsten Verhandlungen sind oftmals die, wo der Gesprächspartner eine innere Aufgewühltheit mitbringt, weil ihm irgend etwas schwer im Magen liegt. Dies mag eine Herausforderung sein, sich die Klagen Ihrer Mitmenschen anzuhören, aber danach ist es raus und in den Leerraum können Sie nun Ihr Pflänzchen setzen, das dem Kunden bei der Erreichung bestimmter Ziele helfen soll. Diese Verkaufsphase ist dann um vieles leichter, wenn der Gesprächspartner innerlich nicht abgelenkt ist und Ihr Kunde liefert Ihnen Ihre Verkaufsargumente auf dem Tablett. Bisherige schlechte Erfahrungen vermögen Sie anhand von Produkteigenschaften in Ihrem Falle in das rechte Licht zu rücken, wenn Sie (durch fragen) wissen, dass dies dem Kunden wichtig ist.

(!) Natürlich müssen Sie sich hüten, in die Mitleidsfalle zu laufen, wo es keinen Weg mehr zurück gibt – sprich, Sie sind danach genauso depressiv wie Ihr Kunde. Sie müssen eine Lösung parat haben oder eine finden.

Richtiges Zuhören bringt Sie auch in die Situation, dass Sie von vornherein bestimmte Produkte ausschließen können. Sie werden keine Angebote auf den Tisch legen, bei dem sich Ihr Kunde unwohl fühlt. Denn ein Unwohlsein bewirkt den Fluchtreiz. Dieser bedingt, dass ein Kunde unter Umständen Ihr Angebot annimmt, unter der Voraussetzung es noch einmal prüfen zu können, nur um aus Ihrer Umgebung zu kommen. Die zweite Variante ist, dass Vorwände aufgebaut werden, die Sie in Ruhe durchdenken und dann die ausgearbeiteten Informationen zuschicken sollen.

Klarer Fall von Hoffnungskandidat. Hier existiert keine Vertrauensbasis und Sie könnten dem Kunden genauso gut sagen, dass es keinen Zweck hat, die Informationen zu zuschicken, weil Sie wissen, dass die Unterlagen im Rundordner landen. Die Etikette verbietet dies jedoch. An diesen Aussagen kann man erkennen, dass der Verkäufer den Kunden nicht erreicht hat.

Gute Zuhörer werden immer als angenehme Gesprächspartner eingestuft.

Selbst wenn Sie in einem Gespräch keine 3 Worte sprechen. Selbst wenn Sie nur einige Fragen stellen und Ihren Kunden reden lassen wie einen Wasserfall, Sie werden überrascht sein, wie viel Vertrauen damit aufgebaut wird. Es ist zugegeben schwer, wenig zu sagen und viel zu hören; aber wenn Sie dann Ihre Leistungen vorstellen, haben Sie die volle Aufmerksamkeit Ihres Kunden. Und diese Kunden kaufen oft etwas. Manchmal einfach so. Auch wenn diese das Produkt gar nicht brauchen.

„Man braucht zwei Jahre, um sprechen zu lernen und fünfzig, um schweigen zu lernen." Ernest Hemingway

3.2   Verkaufen ist Verstehen

Die Sprache übermittelt Gedanken, Ideen, Bilder, Vorstellungen und Gefühle. Da jeder Mensch einzigartig ist, ist die Sprache letztlich keine 100% treffende Aussage, sondern eine Annäherung an die Schnittmenge von Kommunikation von Gesprächspartnern. Jeder sieht eine Sache anders und stellt sich unter den einzelnen Begriffen etwas anderes vor. Damit werden Nuancen von Unterschieden festgelegt, die als Begleiterscheinung von Worten mitschwingen.

Jemand der ein empfindlichen Ohr hat, wird bei der Aussage: „Es war sehr laut." sich ein ganz anderes Bild von einer Situation machen, als jemand der 3 Kinder hat und für den „laut" keine Abstufung von Geschrei ist. Bei dem Wort „laut" würde dem zweiten Beispiel nach eher noch Ruhe innewohnen, als bei dem ersten Beispiel.

Treibt man solche Spiele weiter und liest mehreren Personen einen Textabschnitt vor und fordert sie dann auf, ein Bild von dem Gehörten zu malen, dann kommen völlig verschiedene Kreationen heraus. Diese Unterschiede müssen einem bewusst sein, um Vorurteile zu vermeiden. Vorurteile verleiden nämlich dazu, den Kunden nicht mehr individuell zu beraten, sondern nach Schema F. Dieses „Schema F" lässt jetzt im Geiste meiner Leser ein wiederum anderes Bild entstehen. Die Vorgehensweise differenziert stark. Aber genau dies bedingt, dass Erfolge oft an Schemen scheitern. Scheuklappen auf und durch. Und dann das Wunder erleben, dass der liebe Kunde schon weit weg ist; geistig zumindest.

Das Verstehen des Gegenübers erfordert beständig höchste Konzentration. Keine Zahlenspielchen, wie viel der Kunde jetzt und in der Zukunft Umsatz und Provision bringt und ob sich der Aufwand lohnt, weiter zu ackern. Alles Gedanken, die sich aus der Vorentscheidung ergeben haben. Niemand wird alle seine Karten im ersten oder zweiten oder dritten Gespräch auf den Tisch legen; wenn Verständnis vorhanden ist, ist die Wahrscheinlichkeit groß, dass zumindest mehr Informationen zur Verfügung stehen. Und damit lässt sich dann der nächste Schritt planen – mit dem Kunden!

Verstehen will auch heißen, den Kunden in seiner Gefühlslage zu erkennen.

Was wenn der Morgen eine Aufreihung von deprimierenden Ereignissen war. Wenn frühmorgens der Wecker nicht klingelte. In der Hast der Kaffee schnell in der Kaffeemaschine landet und der Gesprächspartner vergaß diese an zuschalten. Und dann in aller Eile – so schon im Gehen begriffen der Kaffee hinter gestürzt wird, dabei – ach Schreck – ein wenig auf dem frischen Hemd landet. Umziehen. Zeit verrennt. Zu spät bei der ersten Besprechung. Unkonzentriert. Besprechung wird ein Desaster.

Welche Einstellung zu ihrem Gespräch wird der/die Gesprächspartner/in haben? Fröhlich? Aufgeschlossen? Entgegenkommend? Wenn Sie das zwischen dem Gesprochenen herauslesen können, dann treffen Sie eine Entscheidung, die ihrem Gesprächspartner die Möglichkeit gibt, Ihren Vorschlag in Ruhe prüfen zu können.

Verstehen heißt auch, Ihren Kunden bei seinen Wünschen zu packen und diese zu erfüllen und nicht bei den Ihrigen hängen zu bleiben. Nicht Ihr Umsatzwunsch und ihre Gewinne sind interessant, sondern die Ihres Gegenübers.

Eine faire Verhandlung ohne emotional-manipulative Kniffe bringt letztlich mehr. Ihr Kunde wird es merken, wenn Sie ihn manipulieren. Vielleicht nicht sofort, aber jeder überdenkt seine Entscheidungen noch einmal. Und fühlt man sich benachteiligt, dann bleibt meist nicht viel übrig außer Frustration, vor allem, wenn man nicht mehr aus den Verträgen herauskommt. In der heutigen Zeit kann dies per Internetforen schnell zu einem größeren Flächenbrand werden. Die Informationen werden nicht mehr nur durch die Marketingbrille der Unternehmen gefiltert, sondern immer stärker durch die Bewertungen anderer, so differenziert dies auch immer ist.

Kühlen Kopf bewahren wenn sich eine angespannte Atmosphäre bei wichtigen Verhandlungen aufgebaut hat, ist ein Erfolgsschlüssel. Lieber einen Kunden weniger, der seine Entscheidung auf „hohlen" Vorteilen aufbauen würde. Bereitet immer weniger schlaflose Nächte und Reklamationen. Zufriedene Kunden, die ordentlich behandelt werden, und keine Versprechen erhielten, die letztlich nicht zu erfüllen sind, sehen über kleine Fehler hinweg. Diese wissen, dass kein Unternehmen fehlerlos arbeitet. Kleine Dankeschön-Aufmerksamkeiten für holprige Geschäftsabwicklungen halten ebenfalls die Beziehung auf hohem und partnerschaftlichem Niveau.

Und bei allen anderen Sachen kann man fragen, wie im nächsten Kapitel.

„Erlöse mich von der Leidenschaft, die Angelegenheiten anderer ordnen zu wollen." Teresa von Avila

3.3 Verkaufen ist Fragen und Dialektische Feinheiten

Fragen, fragen und nochmals Fragen. Dies wird in vielen Büchern als der Weisheit letzter Schluss betrachtet. Richtig. Und auch nicht.

Es kommt auf den Moment an. Fragen sollten an den richtigen Stellen angebracht werden. Und es gibt Techniken, die so manipulativ sind, dass hinterher viele Kunden sagen, dass sie gar nicht mehr wüssten, warum sie eigentlich unterschrieben haben. Menschen wollen gern erzählen, aber manche wollen auch nicht.

Es gibt einige Menschen, die, wenn Sie da mit einer Frage erst mal angefangen haben und die nächste hinter her schieben, Ihnen einen Wasserfall entgegen sprudeln lassen, der alles mitreißt – auch Ihre Aufmerksamkeit. Stellt man dies als Verkäufer fest, dann heißt es die Notbremse ziehen, sonst gehen Sie als „Gebrochene/r" wieder raus. Meist ohne Auftrag. Die Fragetechniken sind in vielen Büchern ausführlich behandelt.

Mir geht es eher um die *Frage*, warum die Fragen stellen und an wen was.

Fragen kann man, um Kunden zu seinem Ziel zu bringen. Es gibt Situationen, da hat man durch suggestive Elemente in der Frage gar nicht mehr die Chance „NEIN"zu sagen. Der Verkäufer ist dabei kein Profi, sondern eher ein Zauberer, der seine Kunden in seinen Bann zieht und dann erst entlässt, wenn beide Seiten schweißgebadet völlig entkräftet sind. Starke Persönlichkeiten erkennen die Manipulation und können ihr ausweichen. Eine Technik dabei ist die Detailfrage. Dabei wird Wissen abgefragt, was die meisten Verkäufer nicht sofort beantworten können. Ein Aufschieben der Verhandlungen wird meist erforderlich. Oder es wird eine Frage nach einer Leistung gestellt, die nicht mit inklusive ist und extra kostet oder gar nicht lieferbar ist.

Dialektisch geschulte Gesprächspartner stellen fest, wenn sie in eine defensive Lage gedrängt wurden. Sie versuchen die Situation zu neutralisieren, indem sie einen neuen Gesprächstermin vereinbaren, der die gegebenen emotionalen Elemente nicht mehr aufweist. Und der Verkäufer

kann seine Gesprächsführung nicht nochmals so aufbauen, denn dann erfolgt der Zwischenruf:
„Das haben wir letztes Mal schon erörtert."

Also sollte man viel fragen, um sich ein Bild von seinem Kunden machen zu können, aber an bestimmten Stellen ist einfach antworten besser, als noch eine Frage hinterher zu schieben. Die Gefahr dabei ist, dem Gesprächspartner bei einem Bombardement an Fragen das Gefühl zu übertragen, das dies ein Verhör ist und kein Gespräch. Und es sollte immer ein Gespräch sein.

Dialektische Angriffe sind gefährlich, um nicht zu sagen tödlich. Diese sollte man stets bewusst anwenden und die Krux im Auge behalten, dass der Gesprächspartner die Dialektik ebenfalls beherrscht und zum Schluss Sie der Verlierer sind.

Es gibt gute Bücher, die sich mit dem Thema beschäftigen. Hier nur einige Beispiel von fairer Dialektik und angemessenes Auftreten aus meiner persönlichen Erfahrungen. (Frei nach Rubert Lay „Dialektik für Manager", Seite 115, Wirtschaftsverlag Langen Müller Herbig 1974)

1. Bereiten Sie sich so auf das Gespräch vor, dass Sie Lösungsvorschlägen anbieten können. Die Lösungsvorschlägen müssen jedoch dem Kunden die Chance bieten,am letztendlichen Resultat mitwirken zu können. Es wird letztlich ein Kompromiss aus Ihren Vorstellungen und denen des Kunden sein. Es geht eben um den Kunden und nicht um Sie.

2. Anschauungsmaterial beschaffen, um Ihre Aussagen zu verstärken. Jeder kennt die Aussage: „Ein Bild sagt mehr als 1000 Worte." Dieses Material ermöglicht es Ihren Kunden, Ihre Gedanken besser nachzuvollziehen. Damit kann man seine Fragen auch auf eine gemeinsame Basis besser ausrichten und verliert sich nicht in zweitrangigen Leistungen.

3. Vorher das Ziel formulieren und das Für und Wider abwägen. Damit lassen sich im Vorfeld schon Argumentationen erstellen. Das hilft auch nicht zu viele Suggestivfragen in das Gespräch einzubringen. Denn mithilfe der eigenen Zielvorstellung ist eine Lösung in der Mitte immer machbar. Mit

Ziel ist hier eine gewisse Bandbreite gemeint. Dies verdeutlicht auch, dass man nicht um jeden Preis den Auftrag will. Frei nach der Devise: „Kunde, Ihre Arbeit hat doch <u>auch</u> seinen Preis!"

4. Informieren Sie sich über Ihren Gesprächspartner, aber kundschaften Sie ihn nicht wie ein Agent aus. Es geht nicht darum, ihm später zu sagen: „Ja, ich weiß, was Sie für Geschäfte machen." Was eine Suggestion mit beinhaltet, als wüsste man, dass der andere „krumme" Dinger dreht. Finden Sie Gemeinsamkeiten und bauen ihre Argumentation darauf auf.

5. Entspannen Sie sich vor dem Gespräch. Wer verkrampft in eine Verhandlung eintritt, wird nicht Herr seiner Gefühle sein. Und stehen Sie auf einer unsicheren Position und lassen mit Ihren Gefühlen spielen, werden Sie leicht für Argumente anfällig, die einen „faulen" Kompromiss beinhalten. Ein Vertrag, der auch für den Verkäufer keinen Vorteil beinhaltet, ist ein Verlust. Und auf solche Verträge sollten Sie getrost verzichten.

6. Der erste Eindruck ist wichtig, wenn eine Verhandlung Erfolg haben soll. Stecken Sie sich nicht in ein „Kostüm", sondern kleiden Sie sich so, dass Sie immer Sie selbst sind. Es gibt VerkäuferInnen, denen behagt Anzug und Geschäftskostüm nicht. Wenn Sie die Freiheit haben, dann kleiden Sie sich der Situation angemessen, aber nicht zu salopp. Und dies meint nicht nur das körperliche Kostüm, sondern auch das Geistige. Kostümieren Sie sich nicht mit Fragen, die der Kunde nicht beantworten kann, weil es fachchinesich ist.

7. Seien Sie Optimist und gehen vom Erfolg aus. Dieser kann auch darin bestehen, einen Vertrag abzulehnen und nicht auf biegen und brechen zu realisieren. Aber Grinsen Sie nicht ständig im Kreis und gleichzeitig sind Ihre Fragen und Antworten voller negativer Emotionen, Seien Sie freundlich, zuversichtlich aber bestimmt und auch Ernst, wenn es darauf ankommt. UND: Ihr Kunde könnte auch ein Empfehlungsgeber oder sogar Mentor sein, der Ihnen Zugang zu vielen anderen und wertvoll(er)en Kunden ermöglicht. Dort lohnt sich eine Frage, selbst wenn Ihr Kunde zu Ihrem Produkt oder Dienstleistung nein sagt.

8. Provokationen schicken Sie mit einer Frage zurück, um den Inhalt zu klären, nicht um nun den Gesprächspartner in Verlegenheit zu bringen. Denn wenn erst einmal eine Mauer des Misstrauens und der Missverständnisse aufgebaut ist, wird es schwer, diese wieder einzureißen. Natürlich sollten Sie selbst auch nicht provozieren. Man weiß ja nie, wo und unter welchen Umständen man sich wieder sieht. Denken Sie daran, Sie wollen keine Diskussion gewinnen, sondern verkaufen!

9. Unterbrechen Sie Ihren Partner nicht, wenn er seine Gedanken ausführt. Geduld ist eine Tugend, die beherrscht werden will. Denn Ungeduld legt dem Gesprächspartner das Gefühl nahe, hier nur als Wild zu gelten und nicht als Kunde. Auch wenn der Gegenüber weiß, dass Sie den Vertrag haben wollen, muss man sie/ihn nicht mit der Nase darauf stupsen. Notieren Sie Ihren Gedanken oder Ihre Frage und bringen diese bei Gelegenheit an, wenn sie sich nicht schon erledigt hat.

10. Fahrlässige Fragen provozieren fahrlässige Antworten, die man nicht haben möchte und erschweren die spätere Argumentation. Fragen sollten immer bewusst in das Gespräch einfließen und nicht ständig als Lückenfüller zum Nachdenken dienen. Stellen Sie nicht endlose WARUM - Fragen, die machen den Gesprächspartner zwar mürbe, aber bringt irgendwann Antipathie hervor. Ist es erst einmal soweit, helfen die besten „Geschenke" nichts mehr.

11. Kurze und anschauliche Beispiele verhelfen Ihrem Gesprächspartner später, seine Position mit der Ihrigen zu vergleichen. Mit gezielten Fragen lassen sich dann noch existierende Differenzen klären und ihr Verhandlungsgegenüber vermag selbst seine Position einfach darzulegen. Bzw. wird er in die Pflicht genommen, an einem einfachen Beispiel sich selbst zu erklären.

12. Nennen Sie die besten Argumente nicht zu früh. Wer mit dem Besten anfängt, hat dann keine Chance mehr, wenn der Kunde schwankt. In diesen Momenten helfen die permanenten Suggestivfragen auch nicht weiter („Ist es nicht so, dass wir alle Punkte zu Ihrer Zufriedenheit geklärt haben? Dann können wir doch ...")

13. Erfinden Sie nichts, wenn Sie eine kurze und prägnante Antwort parat haben. Dies ist wie unnötiges Fragen. Auch in Fragen sollte man nicht mehrere Argumente einfließen lassen, dass verwässert Ihre Zielrichtung und der Kunde kann leicht ausweichen.

14. Wird Ihnen vom Kunden zu einem heiklen Thema eine Frage gestellt, dann greifen Sie die Gegenposition als Ihre eigene auf und widerlegen sich selbst.
Damit entzieht man dem Kunden die Möglichkeit diese Position einzunehmen. Oftmals besetzt der Kunde dann Ihre Position und Sie brauchen sich dann nur „vom Kunden überzeugen" lassen.

15. Wirken Sie spontan und nicht strategisch und sprechen Sie Ihren Gesprächspartner dabei emotional an.

16. Vermeiden Sie durch Fragen unnötige Spannungen aufzubauen. So zum Beispiel negative Spannungen, die den Kunden in eine Abwehrhaltung versetzen.
Beispiel:

Kunde: „Sie sind zu teuer!"
Antwort: „Warum?"
Kunde: „Ich kenne Ihre Angebote."
Antwort: „Dann sollten Sie wissen, dass das der Vergangenheit angehört."

Zum Ausdruck sollte kommen, dass man weiß, dass man teuer ist, aber mittlerweile Abhilfe geschaffen hat (z.B. Leistungssteigerung). Durch die unglückliche Formulierung kommt jetzt die Suggestion rüber: „Kunde du bist nicht informiert." Und der Kunde fühlt sich ertappt oder missverstanden. Oder er suchte nach einer Möglichkeit ein wenig Verhandlungsspielraum in der Preisgestaltung zu bekommen. Die negative Spannung, die jetzt existiert, bedeutet fast den Abbruch des Gespräches.

Es gibt noch mehrere Sachen zu beachten, die sollten aber hinreichend bekannt sein. Dies bezieht Körperpflege, Sprachweise und Ausdrucksformen mit ein. In einem Buch etwas erschöpfend behandeln zu wollen, ist eine Utopie. Darum sollte man immer auf der Lauer sein, wenn dieses oder jenes Thema eine weiterführende Behandlung in anderen Medien erfährt. Man lernt halt nie aus.

Doch bei allem Vorangegangenen: **Vergessen Sie nicht, NEIN sagen zu können und auf einen Kunden zu verzichten.**

Wenn Sie wollen, können Sie sich jetzt mit Ihrer eigenen Position zu diesem Thema auseinander setzen. Prüfen Sie, welche Aspekte Sie schon beachten und wo es noch Entwicklungsmöglichkeiten gibt.

Danach können Sie sich dem letzten Abschnitt dieses Kapitels widmen. Überzeugen Sie sich selbst von der Macht der Überzeugung.

„Die Henne ist das klügste Geschöpf im Tierreich. Sie gackert erst, nachdem das Ei gelegt ist." Abraham Lincoln

2.4 Verkaufen muss Überzeugen sein

Überzeugen sagt schon im Wort, dass Sie als Verkäufer zur gegebenen Zeit Ihre Meinung zu der Meinung Ihres Gesprächspartners machen müssen. Dabei gibt es immer verschiedene Herangehensweisen.

Die meisten Mysterien der Überverkäufer ranken sich um die Überzeugung anderer. Da wird von Überreden, Überfahren und Manipulieren gesprochen. Alles richtig. Aber letztendlich werden die meisten Kunden einen Verkäufer erkennen, der einem eine Meinung über stülpt, ohne dass dies erwünscht ist. Diese Kunden werden sich dann von diesem Verkäufer wieder abwenden und ihn scheitern lassen. Das kann es also nicht sein.

Die erfolgreichen Verkäufer wenden einfach die Medizin der Fairness an. Den Gegenüber als Partner in einem Geschäftsabschluss zu sehen und zu behandeln ermöglicht die mittlerweile in aller Munde existierende Win – Win – Situation.
Der Kunde fühlt sich gut und erwacht auch nach einigen Tagen nicht aus einem „bösen" Traum und stellt mit Erschrecken fast, dass keine Substanz in den Verträgen steckt.

Überzeugung ist, den Kunden bei seiner Position abzuholen. Dann im Gespräch ihm die Vorteile aufzuzeigen, die er hat, wenn er Ihre Meinung und Ihr(e) Produkt(e) übernimmt.Oder wenn er seine Meinung um die Ihre erweitert. Man muss als Verkäufer nicht immer darauf drängen, dass der Kunde völlig selbstlos seine Position aufgibt, um eine neue einzunehmen. Schon eine geringfügige Änderung kann gänzlich neue Wege aufschließen.

Man muss nicht jemand vom Vorteil für die Umwelt überzeugen, damit der Kunde kein Auto sondern Fahrrad fährt. Erstens ist dies schwer bis fast unmöglich und zweitens ist es realistischer zu vermitteln, dass es gesund ist, am Wochenende den einen oder anderen Weg mit dem Fahrrad zurück zu legen.

Eine Verhandlung, die völlig kampffrei abläuft, führt öfters zum Ziel, als mancher denkt. Wenn der Kunde nicht will, dann ist er n i c h t überzeugt. Dann die schweren Geschütze aufzufahren und den Kunden Sturmreif zu schießen, bringt nur Missmutigkeit hervor. Seinem Kunden seine Position zu belassen und etwas zurück zu rudern und ein einfacheres Angebot mit weniger Kompromiss für den Kunden auf den Tisch zu legen, ermöglicht dem Kunden Sie besser kennen zu lernen. Die Top-Verkäufer stürmen nicht die „Burg", sondern öffnen diese Schritt für Schritt. Lieber einen kleinen Auftrag mitnehmen und dem Kunden Gelegenheit geben, sich ein Bild zu machen, als den großen Hammer (Fragekatalog und Abschlusstechniken) herausholen und das Feld weich klopfen.

Darüber hinaus ist eine langsame Vorgehensweise nachhaltiger. Wenn Sie einen Kunden vor sich haben, der nach 30 Minuten „Heureka" schreit, dann wird der Kunde beim nächsten Verkäufer „Juchei" brüllen. Das ist ein Kunde, der bei jedem schwankt. Dieser hat keine eigene Meinung und treibt durch das Leben. Diesen Kunden können Sie eine Weile bei der Stange halten, aber über kurz oder lang ist dieser weg!

Lieber den Kunden, der noch einmal nachdenken will. Lieber der Kunde der erst einmal einen Einzelauftrag abgibt. Lieber den Kunden, der zweimal nachfragt. Diese beschäftigen sich mit Ihrem Angebot und sind nicht anfällig für Blender. Darauf lässt sich eine langfristige Kundenbeziehung aufbauen. Nichts ist für die Ewigkeit und manchmal sind heute schon zwei oder drei Jahre langfristig. Schafft man es jedoch, den Kunden ständig zu betreuen und die Fehler in der Bearbeitung immer weniger werden zu lassen, dann können Kunden auch schon mal 5 oder 10 Jahre treu bleiben. Zumindest sind diese Kunden dann nicht so leicht von Ihnen weg zu holen.

Dafür muss man aber bereit sein, dem Kunden die Möglichkeit der Selbst-Überzeugung zu geben. Mit dem Beil durchs Land zu ziehen und die Bäume um zu hauen, wie sie da gerade stehen, bedeutet doch nur den eigenen Ast ab zu sägen.

Das Internet gibt den Kunden immer mehr die Möglichkeit sich schon vorab zu informieren. Diese Tatsache ignorieren viele in der Hoffnung, dieser Krug möge an ihnen vorbei gehen. Geht er nicht! Die Kunden kommen immer öfter zu den Verkäufern und wissen manchmal mehr als der Verkäufer selbst. Macht nichts!

Aber schlimm wird es, wenn Verkäufer dieses Wissen ignorieren und den Kunden so behandeln, als würde dieser aus einem fernen Land kommen und Land, Leute und Kultur nicht kennen. Der Kunde kommt sich dann veralbert vor. Und ständige Besserwisserei von Seiten der Verkäufer hilft dem Kunden auch nicht weiter.

Demgegenüber sollte man das Wissen des Kunden nutzen, um tiefer in die Materie einzudringen und einen größeren Blickwinkel zu ermöglichen. Diese Kunden sind dankbar, wenn sie umfassendere Informationen für Ihre Entscheidung bekommen. Und sie sind stolz darauf, auf einer besseren Ebene verhandeln zu können.

Die Aussage, dass viele Kunden sich nur bei jemand beraten lassen und dann im Internet die günstigsten Abschlüsse tätigen, stimmt nur zum Teil. Wer dies macht, dem würde ich die Informationen bereitwillig geben. Jedoch vergessen diese oft, dass es damit nicht getan ist. Es gibt einige Faktoren darüber hinaus zu beachten.

Wer über das Internet Geschäfte tätigt, ist für den gesamten Ablauf verantwortlich. Solche Kunden sind heute häufiger anzutreffen. Manch einer ist davon zum Teil geheilt, weil dieselben Probleme existieren, wie im herkömmlichen Handelssystem (mangelnde Qualität, Lieferverzug, etc.), aber der/die Ansprechpartner/in der Computer ist. Schrift hat immer den Mangel des Verständnisses und ein Wort anders verwendet und schon kann eine andere Aussage im Raum stehen. Der Computer kann die persönliche Kommunikation nicht ersetzen. Irgendwann ist immer der direkte Kontakt unersetzlich. Diesen Mangel „kauft" der Kunde mithilfe eines geringeren Preises ein.

Richtig betrachtet bietet das Internet die Möglichkeit, Ihre eigene Position zu bekräftigen. Erklärungsbedürftige Produkte bieten die Chance, im Vorfeld Informationen bereitwillig zur Verfügung zu stellen und dann im direkten Kontakt (via Telefon, Webcam, persönlichem Gespräch) fest zustellen, wie der Kunde das Produkt optimal nutzen kann oder nicht. Prüfen Sie auch, ob Sie diese Information nicht aufbereiten können und dann als Buch oder eBook vermarkten. Dank dem Buchdruck bei Bestellung liegen die Vorkosten bei vielleicht 50,- €. Die Kosten entstehen, wenn der Kunde bestellt und diese trägt der Kunde. Sie verdienen nebenbei damit noch Geld.

Es ist ebenfalls eine Zeitfrage. Sie sollten Ihre Zeit nicht verschwenden mit Kunden, die nicht Ihr Geschäftspartner werden wollen.

Und es ist eine Gewissensfrage. Wer sich von den Leistungen ohne persönliches Gespräch überzeugen lässt, besitzt dementsprechend Vorwissen. Es gibt Dinge, die lassen sich einfach über dass Internet abwickeln, aber auch bei den einfachen Sachen existieren Stolpersteine. Überlassen Sie die Entscheidung Ihren Kunden.
Wie schon erwähnt wird sich die Qualität und Positionierung des Verkäufers ändern. Es könnte auch gut sein, dass er seine Position der direkten Beeinflussung verliert. Es gilt eben immer am Ball zu bleiben und neue Plätze der Verhandlung zu erobern. Wenn diese eines Tages mehrheitlich in den virtuellen Raum verlagert werden, gehen die Fakten der vorherigen und nachfolgenden Kundenarbeit nicht verloren. Sie ändern höchsten Ihren Platz in der Prioritätenliste.

Damit möchte ich dieses Kapitel abschließen und wenn Sie wollen, ein wenig tiefer in die Materie des Verkaufens eindringen. Ich möchte Ihnen einzelne Methoden aufzeigen, wie Sie mit Ihren Kunden fair aber bestimmt umgehen. Diese Methoden dienen nicht dazu jemanden so zu manipulieren, dass dieser macht, was er nicht machen möchte, sondern dass er tief greifend das Thema durchleuchtet und eine Entscheidungshilfe an die Hand bekommt. Damit meine ich, dass diese Methoden nicht rechtfertigen, Leistungen zu versprechen, die bis zum Sankt-Nimmerleins-Tag nicht eingehalten werden. Nun viel Spaß (den braucht man immer – sonst wird es eine halbe Sache) und viel Erfolg beim ausprobieren.

„Beredsamkeit, die nicht mit der Logik übereinstimmt,
Wahrhaftigkeit, die nicht mit der Vernunft übereinstimmt,
Mut, der nicht mit der Gerechtigkeit übereinstimmt,
Gesetzlichkeit, die nicht mit der sinngemäßen Anwendung übereinstimmt,
sind wie ein irrender Wanderer auf schnellem Rosse
oder wie ein Wahnsinniger, der ein scharfes Schwert schwingt." Lü Buwei

4. Wie wird verkauft

4.1 Bauen Sie eine persönliche Ebene auf

Jedes Gespräch lebt von seinem Anfang. Schafft man es als Gesprächspartner nicht, zum Gegenüber durchzudringen und auf dessen „Wellenlänge" zu funken, dann wird dass ganze Gespräch eine Zeitverschwendung mit klarem Ausgang: „Das muss ich mir noch einmal überlegen."

Welche Ebene soll aufgebaut werden? Leider versuchen viele Verkäufer durch eine gezwungen künstliche Aufmerksamkeit für Lebensdetails ein Interesse vorzutäuschen, obwohl sie dies gar nicht interessiert. Als Gegenüber merkt man dies sofort. Dies sollte sich darin begründen, dem Partner richtige Hilfe anzubieten, seine Probleme zu lösen bzw. eine bessere Lösung als bisher zu erzielen.

Die persönliche Ebene ergibt sich wie in einem „privaten" Gespräch. Der Verkäufer ist dann oftmals gar nicht gewillt, seine Meinung gegenüber dem jeweiligen Gesprächspartner durch zu setzen, sondern eher eine gemeinsam akzeptable Lösung zu finden. Im privaten Miteinander zählt es, sich Morgen auch noch in die Augen schauen zu können. Und da ist es für die individuelle Beziehung „tödlich", ständig Recht haben zu wollen. Dann beginnt sich der „unterdrückte" Partner von demjenigen abzuwenden und ein Treffen mit diesem zu meiden oder auf ein absolutes Minimum zu beschränken.

Genauso funktioniert es in geschäftlichen Beziehungen und der Irrglaube, dass man sich anders verhalten muss wird ad absurdum geführt. Natürliches Verhalten verschafft automatisch Respekt und Anerkennung, ein ertragbares Maß an Autorität sowie eine gewisse Berechenbarkeit des anderen. Ist jemand nicht kalkulierbar, dann weiß der Andere nicht, wie sich der Partner in schwierigen Situationen verhalten wird und das birgt ein Risiko, was niemand eingehen möchte.

Es gibt unterschiedliche Charaktere, dass macht das Leben letztendlich interessant.

Sie können in jedem Gespräch immer noch etwas dazu lernen, was ihr Leben auf überraschende Weise bereichern kann. Diese Aufmerksamkeit für ein kleines Detail sollte eine faire Gesprächsführung wert sein. Darüber hinaus ist es erquicklicher einmal einen Vertrag nicht geschlossen zu haben und dem anderen wieder zu begegnen und dieser kommt von allein und will die Beziehung jetzt fixieren. Dies passiert häufiger als mancher glauben mag. Die Verkäufer, die nicht jedem zum Kunden nehmen (müssen), weil sie dass nicht wollen, werden Ihnen erzählen können, dass das der bessere Weg ist. Erstaunlicherweise beginnt diese Art der Kundenbehandlung ein Eigenleben und diese Art des Verkaufens spricht sich herum.

Behandeln Sie jeden Kunden als wäre es ein guter Bekannter (Man mag ja auch nicht alle Bekannten gleichermaßen). Dabei steht es Ihnen offen, ob Sie mit jemanden gut können und der Kunde besitzt ebenfalls diese Freiheit zu wählen. Beruht diese Wahl auf Gegenseitigkeit, dann steht Ihnen eine Überraschung parat: Der Kunde wird Ihnen aus der Hand „fressen" und es liegt an Ihnen dies gewissenhaft zu pflegen. Denn übertreiben Sie es mit dem Verkauf wird der Kunde aus seinem „Vertrauensschlaf" irgendwann erwachen und es Ihnen nicht verzeihen, wenn Sie das Vergangene nicht wieder "Gerade biegen" können, um einen Nachteil des Kunden in einen Vorteil umzuwandeln.

Verantwortungsvolle Umgangsweise mit dem Vertrauen des Kunden ist ein wichtiger Schlüssel. Häufig passiert es, dass die Kunden sich nicht mehr mit verschiedenen Themen auseinandersetzen wollen, sondern nur noch die Wirkung in Anspruch nehmen.

In etwas früherer Zeit waren die Autos noch so aufgebaut, sodass auch ein Laie die eine oder andere Reparatur daran vornehmen konnte. Heute? Fast unmöglich. Manchmal vermag man nicht einmal mehr die Batterie zu wechseln, wenn diese schlapp macht. Dies ist auf der einen Seite ärgerlich für den Kunden und kann schon einmal die Kundenbeziehung kosten, andererseits wird der Kunde sich nicht mehr mit Details beschäftigen wollen. Ihn interessiert nur noch die Rendite!

"Was kostet mich die Reparatur, auf das ich meine Gewohnheiten wieder genießen kann." Technische Details? Fehlanzeige. Selbst Fachleute auf anderen technischen Gebieten ziehen es vor, sich nicht mit diesem Wissen belasten zu müssen.

Ja! Wissen kann auch eine Last sein. Wenn Sie in der Lage sind, in einem Gebiet ein „Experte" zu sein und Hinz und Kunz zu ihnen kommt und Antworten oder Lösungen verlangt, die keinen Cent Ertrag bringen (meist im Bekanntenkreis), kann es schon einmal einer schweren Bürde gleich kommen, dieses Wissen zu besitzen.

Hier zählt dann wieder die Beziehung, die man aufgebaut hat. Bieten Sie erst einmal an, alles (!) für den Kunden zu tun, damit er sich wohl fühlt, auch wenn das Ihren Aufgabenbereich weit überschreitet, kann es passieren, dass der Kunde Sie praktisch zu schüttet mit Arbeit, die Ihnen nichts einbringt, nur weil Sie Ihr Gesicht wahren wollen. Seien Sie behutsam mit einem Leistungsangebot. Es rückgängig zu machen bedeutet immer einen Imageverlust. Die richtige Wahl des Leistungs-katalogs an die Bedürfnisse angepasst reicht meistens aus, dem Kunden eine zufrieden stellende Geschäftsbeziehung zu ermöglichen.

Sie haben die Wahl! Will ein Kunde mehr Leistungen als er bereit ist zu entlohnen, dann ist das nicht Ihr Kunde. Doch auf keinen Fall darf das passieren, wenn die Kundenbeziehung schon existiert. Machen Sie dann einen Rückzieher ist meist ein Lauffeuer die Folge. Und ein schlechter Apfel kann eine ganze Kiste verderben.

Natürlich können Sie nicht immer im Voraus wissen, was für einen Kunden Sie haben. Doch gehen Sie anfänglich sparsam mit Ihren Leistungen um und erweitern diese Stückweise je nach Kunden, dann haben Sie noch Zeit, um die Qualität des Kunden zu prüfen.

Alles dies schließt eine persönliche Ebene mit ein und endet nicht nach der Unterschrift des Kunden unter dem Vertrag. Persönlich bedeutet nicht immer, dass man sich täglich sehen muss oder permanent Anrufe kommen, ob man irgendwelche Wünsche hat. Das ist Penetranz. Die lassen sich die Kunden auch gefallen; bis zu einem gewissen Punkt. Dann fängt die Nervigkeit an und ab diesem Moment helfen dann auch super tolle Angebote nicht mehr, den Kunden zu halten.

Ein gewisses Maß, das wesentlich vom Kunden bestimmt wird, hilft die Beziehung loyal zu gestalten. Ich würde mir auch nicht wünschen bestimmte Bekannte permanent am Ohr zu haben und einen Wasserfall an neuen Informationen anhören zu müssen. Instinktiv fällt mir dann noch ein wichtiger Weg ein, den es zu erledigen gilt.

Würden Sie genauso reagieren oder hätten Sie eine andere Lösung? Nein? Es nutzt gar nichts, sich vor den persönlichen Wahrheiten zu verstecken und zu glauben, dass der Kunde schon anders reagieren wird.

Tut er nicht!

Schwelgen Sie ebenfalls in Rosarot-Welt-Beschreibungen? Wenn nicht, dann besitzen Sie eine realistische Sichtweise, wenn manchmal doch, dann denken Sie daran, dass Sie in Ihrem Umkreis sicherlich auch nicht permanent den Himmel auf Erden wähnen. Gehen Sie von sich aus und Sie wissen mit 100% Sicherheit, was Ihre Kunden wollen.Nichts anderes. Keine Superlösungen mit Superprodukten, die dann im Laufe der Zeit gar nicht diesen Ansprüchen standhalten können. Denn diese Produkte sind auf bodenständigen Forschungen und Recherchen konzipiert. Ein Unternehmer kann es kaum wagen, wenn er jedes Mal den Himmel verspricht und dann wieder runter stapeln muss. Die Produzenten vermögen nicht ständig irgendwelche Entwicklungssprünge zu machen, ohne die eigene Substanz zu untergraben.

Dies waren Anregungen, um eine Geschäftsbeziehung langfristig aufzubauen und Stabilität zu verleihen. Was wäre aber, wenn Sie einen Kunden haben, der scheinbar mehr weiß als Sie, obwohl Sie der Fachmann sind? Weiß der Kunde etwas oder sollte man den Krug zerbrechen und dem Kunden alles neu mit auf den Weg geben? Dies werde ich im nächsten Teilabschnitt näher beleuchten und wenn Sie wollen für Sie gleich jetzt.

„Wenn etwas besser werden soll, muss es anders werden." Georg Christoph Lichtenberg

4.2 Akzeptieren Sie die Erfahrungen des Anderen

Oftmals ist es leichter, einen Gesprächspartner mit Hintergrundwissen zu haben, als wenn Sie jemanden alles von der Pike auf erklären müssen. Dabei besteht natürlich die Gefahr, dass der Verkäufer selbst in die Wissensfalle läuft.
Wie sieht diese aus? Was verbirgt sich dahinter?

Ein munterer Verkäufer erkennt das Wissen oder Know-how seines Gegenübers und stellt sich auf dessen Kenntnisse ein. Dies bedeutet vorher, wie im Kapitel "Was ist Verkaufen" dargelegt, den Kenntnisstand des Gesprächspartners abzufragen. Was soll hier dann anderes erläutert werden? Was gebe es noch zu beachten?

Ich möchte an dieser Stelle noch etwas tiefer in die Psychologie hinabsteigen und auf einige Aspekte aufmerksam machen. Eine genaue Analyse der Situation muss der Verkäufer jedoch selber erlernen und sich ausprobieren, bis er/sie einen gangbaren Weg gefunden hat.

Nichts ist schlimmer, als jemanden besserwisserisch zu belehren, ob man meint, in der Materie drin zu stecken und sich selbst ein Bild von der Lage machen zu können. Die im vorherigen Abschnitt besprochene Ebene geht dabei merklich in die Brüche. Darum ist es immer eine dringliche Aufgabe dem Kunden nie das Gefühl zu geben, dass einem das Wissen des Anderen nicht interessiert und nur die eigene Wahrheit die richtige Wahrheit ist. Damit verlieren Sie die Loyalität des Kunden. Die Akzeptanz des Wissens des Gesprächspartners ist eine Voraussetzung, um diesen dann vom eigenen Angebot zu überzeugen.

Ebenfalls in diese Kerbe schlägt der Fehler, gar nicht erst den Kunden zu fragen, ob er denn schon eine Vorstellung von dem Thema hat, das besprochen wird.
Dann geschieht unweigerlich das Drama, das den Verkäufer auflaufen lässt. Der Kunde wird sein Wissen dahingehend ausspielen, Sie bloß zu stellen. Wenn der Kunde irgendwann beginnt zu fragen und Sie mit Ihrem Wissen brillieren und der Kunde irgendwo einhakt: „Das weiß ich aber aus sicherer Quelle ganz anders!" dann sollten alle Alarmglocken läuten. Sie haben

möglicherweise etwas erzählt, was nicht wahr ist. Ist der Kunde dann noch so frei und schildert Ihnen die Sachlage mit seinem Wissen und dies stellt sich als richtig dar, dann sitzen Sie in der Falle.

Kommt es dann zum Abschluss des Gespräches, besitzt der Kunde eine unschlagbare Waffe: „Das muss ich dann alles erst einmal überprüfen." Selbst wenn Ihr Schnitzer der einzige Patzer war, ist das Gespräch an diesem Tag nicht mehr zu retten. Und sollten Sie doch noch einen Vertrag zu Stande bekommen, dann sind Sie ein Verkaufsgenie oder Ihr Kunde hat ein mangelndes Kurzzeitgedächtnis.

Aus eigener Erfahrung weiß ich, dass dann die besten Argumente nichts bewirken. Die Situation fordert sogar dazu auf, dass Gespräch frühzeitig zu beenden und einen neuen Termin zu vereinbaren. Schaffen Sie es dann noch, dem Kunden mitzuteilen, dass Sie sich hier erst noch einmal erkundigen müssen, dann haben Sie die Chance, zumindest im nächsten Gespräch wieder einen Plus-Punkt auf Ihrer Seite zu haben. Denn der Kunde könnte dadurch umschwenken und denken: "Aha, er gesteht seinen Fehler ein und will hier wirklich ordentlich beraten/ verkaufen."

Aber es könnte genauso gut im Raum stehen, dass der Kunde annimmt, Sie verschwenden seine Zeit. Und er könnte denken, wenn Sie noch weitere Wissenslücken haben, dann könnte sich die Verhandlung auf 5 oder 10 Termine ausdehnen. Das Fingerspitzengefühl verlangt jetzt von Ihnen, dass Gespräch fortzuführen und dann einen plausiblen Aufhänger zu nutzen, um einen neuen Termin zu bekommen. Dabei sollten nicht alle Pfeile verschossen wurden sein, sondern ein starkes Argument noch auf Ihre Seite existieren.

Meiner Erfahrung nach ist ein guter Moment immer dann gewesen, wenn sich die Leistungsvorstellungen des Kunden geändert haben und diese Informationen dann nicht sofort zur Verfügung gestellt werden können. Aber auch hier lauert der Fallenteufel. Sollte der Kunde Ihnen sagen: „Schicken Sie's mir zu!", dann sollten Sie ein Argument aus dem Ärmel schütteln, dass Ihnen die persönliche Übergabe mit der Fortsetzung des Gespräches ermöglicht. Sonst können Sie in 99% der Fälle die Unterlagen direkt an den Rundordner senden.

Aus diesen Gründen sollte im Vorgespräch immer auf die Lage des Kunden eingegangen werden. Machen Sie eine Analyse und notieren Sie das Wissen des Kunden. Dann können Sie auf dieses Wissen zugreifen und leichter argumentieren und auch dem Kunden in seinem Wissensstand bestärken.

Auch kleine Suggestionen wie: „... das wissen Sie sicherlich schon ..." ermöglichen später noch, die Tiefe des Wissens einzuschätzen. Sollte ihr Kunde mit Phrasen antworten, dann ist das Ende der Fahnenstange erreicht. Dann stehen Sie auf sicheren Grund und können Ihre Trümpfe von dieser Position heraus ausspielen.
Unabhängig davon sollte die Aufmerksamkeit nicht nachlassen, denn der eine oder andere Kunde sagt nicht immer ganz die Wahrheit. Niemand macht sich gern und direkt „nackig". Niemand offenbart sich jedem ohne Sicherungsleine.
Einiges bleibt unerkannt, aber von einer einigermaßen gesicherten Ebene heraus vermag man dann diese Klippen zu umschiffen.

Sollte Ihr Kunde von seiner Meinung nicht abweichen wollen, weil die Erfahrung ihm dies als elementar eingeimpft hat, dann sollten Sie diese Erfahrung nicht umkippen wollen. Es ist zu anstrengend und kostet zu viel Energie. Passen Sie Ihr Angebot an oder lösen Sie Leistungen heraus und schnüren ein neues Paket, das Ihrem Kunden weiterhilft und ihm seine Wissensbasis belässt. Fügen Sie einfach dem etwas Neues hinzu und bringen den Kunden zur Erweiterung seiner Kenntnisse. Er wird es Ihnen danken, wenn Sie sein Gedankengebäude nicht zerstören. Dazu nehmen macht man lieber, als von der eigenen Überzeugung abzuweichen, wenn diese noch sattelfest ist. Eine solche Vorgehensweise bestärkt den Kunden, etwas richtig gemacht zu haben und dazu lernen ist für niemanden ein Problem.
In diesem Zusammenhang ist die Frage nach dem „Nein!" eine wichtige Frage. Mehr im Umgang mit diesem heiklen Thema erfahren Sie im folgenden Abschnitt.

„Lasse nie zu, dass du jemanden begegnest, der nicht nach der Begegnung mit dir glücklicher ist." Mutter Teresa

4.3 Akzeptieren Sie ein NEIN

Sie werden in den verschiedensten Lektüren nachlesen können, dass beim NEIN das Verkaufsgespräch erst anfängt. Das kommt auf den Standpunkt an!

Wenn der Kunde erst einmal NEIN gesagt hat, dann sollte man sich zuerst an die eigene Nase fassen. Dann hat der Verkäufer etwas falsch gemacht. Entweder das Angebot traf nicht die Bedürfnisse des Kunden oder die Gesprächsführung war nicht akzeptiert.

Beginnt der Verkäufer jetzt auf dem NEIN herum zu reiten und ein JA aus dem Kunden heraus zu würgen, dann wird das keine langfristige Kundenbindung werden. Auf Teufel komm raus die Argumentenbüchse zu öffnen und auf dem Kunden hernieder prasseln zu lassen, zerrt an den Nerven und verbraucht Kraft.

Dem gegenüber im lockeren Stil das NEIN zu analysieren hilft wirklich einen Schritt voran zu kommen. Die erfolgreichen Verkäufer sehen die Erfolge nicht immer in einem Vertragsabschluss. Es zählt auch eine Kundenbindung aufzubauen, wo schwierige Verhandlungen zu erwarten waren. Das vorläufige NEIN ist nicht das endgültige, aber es wird erst einmal akzeptiert. Es kommt nämlich auf das WIE des NEIN's an.

Die Art und Weise des Zustandekommens des NEIN ist Voraussetzung für die zukünftigen Handlungen. Die Fragen die hier im Raum stehen sind:

Ist es ein Erstgespräch gewesen? Ist der Kunde vertraglich gebunden? Wie verlief das Gespräch? War der Kunde im Stress und manchmal etwas unaufmerksam? Kenne ich meine Konkurrenz? Liegt das NEIN im Angebot? In der vertraglichen Gestaltung? Fehlen noch Informationen? War der Verkäufer zu aggressiv? Zu passiv? Fehlten die Argumente bei der Beweisführung? Spielten diese keine Rolle?
Diese Liste lässt sich fortdauernd erweitern. Fallen Ihnen weitere Fragen ein, gut so! Dann analysieren Sie das Gespräch und vielleicht fällt Ihnen ein Fehler auf, der zum vorübergehenden Misserfolg führte. Schon allein das vermag für die Zukunft

solche „Niederlagen" vermeiden helfen. Andererseits können Sie daraufhin mit dem Kunden noch einmal einen Termin vereinbaren und diesen Fehler ausräumen.

Ich kenne dies sehr gut, dass viele Dinge nicht sofort entschieden werden können.
Umso größer die Investition umso anstrengender der Entscheidungsprozeß.
Niemand verliert gerne Geld durch eine überhastete Entscheidung.
Darum geht es auch anders. Wenn Ihr Kunde schwankt und sich nicht entscheiden will, dann geben Sie ihm die Möglichkeit, NEIN zu sagen.
Doch bevor Sie ihn entlassen, fassen Sie noch einmal alle Fakten zusammen. Am besten erst mündlich und dann noch einmal schriftlich.
Geben Sie diese Liste dem Kunden mit dem Hinweis, dann hat er alle relevanten Fakten zur Hand, um eine fundierte Entscheidung zu fällen.

Diese Vorgehensweise birgt den Vorteil, dass Sie dem Kunden die wichtigsten Sachen noch einmal vor Augen führen (zwei Mal) und nicht auf eine zu drückende Art trotzdem am Ball bleiben. Sie nehmen den Kunden aus der Angstfalle und verleihen ihm Sicherheit.

Er fühlt sich wohl, wenn er eine Entscheidung nicht sofort fällen muss, die ihm Bauchschmerzen bereitet. Vergessen Sie jedoch nicht, schon einen neuen Termin zu vereinbaren, sonst wird es eng. Viele sagen, dann am Telefon, dass Sie sich noch nicht entschieden haben. Diese Kunden gehen oftmals nicht zu einem anderen Anbieter, weil sie dann die Gefahr sehen, dort einen Vertrag unterzeichnen zu müssen. Auf der anderen Seite vermögen diese Kunden nicht NEIN zu sagen, weil Sie diesen Kunden „anständig" behandelt haben (aus den Augen des Kunden betrachtet). Sie bleiben im Spiel. Es dauert manchmal etwas länger, aber viele Kundenbeziehungen, die langfristig halten entstehen daraus. Denn diese Kunden wollen wiederum danach nicht ständig Lieferanten oder Anbieter von Dienstleistungen wechseln.

Dieser ganze Prozess richtet sich nach dem Verhalten des Kunden. Es gibt verschiedene Kundentypen, die hier jedoch keine Beachtung finden sollen. Auf der typischen Verhaltensweise basierend, schränkt dies manchmal den Blickwinkel ein. Mancher Verkäufer, der diese Systeme gelernt hat, verengt

Frank Mißbach – Der sanfte Weg im Verkauf

seinen Handlungsspielraum, in der Hoffnung mit den richtigen Argumenten diese Verhaltensarten zu aktivieren. Es gibt jedoch keine reinen Kundentypen nach den verschiedenen wissenschaftlichen Methoden und was heute gelingt kann morgen nach hinten los gehen. Es ist ein Hilfsmittel, das eine bessere Einschätzung des Kunden ermöglichen soll, um das entsprechende Angebot richtig zu platzieren. Übertreibt man diese Manipulationen, so kommt man zwangsläufig in Situationen, wo diese Manipulationen aufgedeckt werden und dann einer schmerzlichen Zurückweisung weichen müssen. Gute Kundenbeziehungen können damit in die Brüche gehen. Deshalb: Vorsichtig nutzen!

Ein kleines Beispiel soll die Wichtigkeit demonstrieren, aufmerksam zu bleiben. Ich hatte ein Kundengespräch, wo es um die Versicherung des Autos ging. Ich erstellte ein passendes Angebot, das alle relevanten Fakten und Leistungen berücksichtigte und der Preis stimmte auch. Der Kunde schwankte noch und ich fuhr ein Geschütz nach dem anderen auf. Immer in der Hoffnung beim nächsten „Schuss" fällt der Kunde um und unterzeichnet den Vertrag. Nichts da! Nein! Nein! Nein! War stets die Antwort.

Ich hatte in die Leistungen eine Kaskoversicherung eingebaut.
Auch hatte ich alle Leistungen beschrieben und die Vorteile aufgezeigt. Ich hatte verschiedene Varianten aufgezeigt und doch wollte der Kunde sich nicht entscheiden.

Letztendlich warf ich die Flinte ins Korn und liess den Kunden von dannen ziehen. Einige Zeit später rief ich den Kunden an und fragte ihn nach seiner Entscheidung.
Er sagte mir sinngemäß: „Ich danke Ihnen für das ausführliche und umfassende Gespräch. Es hat mir einige neue Erkenntnisse gebracht. Ich habe aber die Versicherung kurzfristig schon woanders abgeschlossen."
Ich natürlich „stinksauer" : „Warum denn das, wenn ich alle relevanten Fakten geliefert habe."

Kunde wieder: „Na mir ist in unserem Gespräch klar geworden, dass ich keine Kaskoversicherung mehr brauche. Ich hab im Internet einen Anbieter gefunden, der mir die gewünschten Leistungen noch etwas günstiger ..."

Prima! Es hing nicht daran, dass er es nicht tun wollte, er wollte nur nicht alles. Das NEIN nicht zu akzeptieren und nicht nach dem „Warum" fragen, bedeutete letztendlich eine Kundenverbindung nicht aufbauen zu können, die Entwicklungspotential hatte. Wilder Ansturm ohne Rücksicht auf mögliche neue Lösungen bedeutete den Verlust der ganzen Kundenbeziehung.

„Auch aus Steinen, die einem in den Weg gelegt werden, kann man schönes bauen." Johann Wolfgang von Goethe

4.4 Seien Sie Verkäufer und kein Abkassierer

Der Kunde lechzt auf das Ende hin, ist völlig erschöpft von der anstrengenden Verhandlung und wird wohl alles unterschreiben, nur um das Martyrium zu beenden. Der „Abkassierer" sagt sich stolz: ‚Das habe ich toll hinbekommen. Und jetzt wird Kasse gemacht.'
Der Kunde unterschreibt den Fetzen Papier, auf dem vermerkt ist, dass er wohl sein letztes Hemd verkaufen muss, um die Bedingungen zu erfüllen, will er nicht während der Laufzeit des Kontraktes viel Geld einbüßen.

Woraus entsteht eine solche Situation?

Einerseits wird sie durch Erfolglosigkeit bedingt. Ist ein Verkäufer ständig auf der Jagd nach Opfern seiner verkäuferischen Talente und zeitigen diese kein rechtes Vorankommen, dann gibt der Verkäufer auf oder er beginnt Methoden anzuwenden, die den Kunden übervorteilen.

Da werden Produkte „verhökert", die den Geldbeutel des Kunden völlig überfordern. Da werden Produkte „platziert", die der Kunde bis in alle Ewigkeit nicht in Anspruch nehmen wird. Da werden Vorteile aufgelistet, die sich nicht einmal der Produzent oder Lieferant oder Dienstleister wagt zu träumen. Der Kunde erwirbt unter mehr oder weniger Druck ein Produkt oder Leistung, die er in ruhigeren Momenten oder entspannteren Augenblicken nie und nimmer ausgewählt hätte. Sollte der „Abkassierer" noch den Mut haben, ein zweites Mal einen Termin zu wollen, nachdem der Kunde aus seinem Alptraum erwacht ist und den Schaden bemerkt hat, dann wird dieser wohl in Angstschweiß gebadet die letzte unglaubliche Ausrede hervor kramen, um nur einem Treffen aus dem Weg zu gehen.

Kassieren Sie nicht ab! Sie verderben sich vielleicht ein noch viel größeres Geschäft, das noch in der Phantasie herum geistert. Es könnte gerade Form annehmen und geradewegs zwischen ihren Fingern hindurch gleiten.

Ich hatte einmal einen Kunden, der bei einer anderen Versicherung rundum abgesichert war. Unglaubliche 25% seines Einkommens, das nicht gerade gering war, flossen in unterschiedlichste Absicherungen und der Kunde überlebte so gerade jeden Monat. Wir waren ins Gespräch gekommen, um seine Situation einfach mal grundlegend neu zu überdenken, als ein Trauerfall eintrat, der ihm letztendlich ein großes Vermögen bescherte.

Natürlich erfuhr mein Mitbewerber von der neuen Situation und bot ihm ein Produkt an, in das das ganze Geld, das frei verfügbar war fließen sollte. Der Kunde war fast schon bereit zu unterschreiben, als wir uns wegen einer Banalität trafen. Ich schlug ihm vor, noch einmal eine Analyse vorzunehmen und die Situation neu einzuschätzen.

Nach insgesamt 3 Stunden war er nach meiner Ansicht rundum glücklich. Zum Schluss meinte er nur noch: „Und Sie sind sich sicher, dass ich nicht mehr zu Herrn … muss?"

Dies zeigte mir, dass dieser Kunde völlig abhängig und gutgläubig war. Jetzt hatte er jedoch die finanzielle Freiheit und mehr Verständnis für die ganzen Modalitäten.
Ich konnte ihm dann nichts mehr vorgaukeln. Ich war danach kein Magier, der durch einen Zauberspruch am Telefon noch ein paar Prozent herausschlagen konnte, wenn der Kunde unterschreibt. Alle möglichen finanziellen Spielräume waren dem Kunden bekannt und er wusste stets woran er ist und was passiert, wenn er was macht. Keine dunklen und mystischen Versprechungen und unterschwelligen Drohungen folgen danach. Einfach eine saubere Geschäfts-verbindung.

Und ich habe dabei genug Geld verdient ohne irgendwelche Tricks. Ich bezweifle jedoch, dass mein Mitbewerber sich darüber freuen konnte, dass ihm der wahrscheinlich größte Happen seines Lebens durch die Finger glitt.

Darüber hinaus bezweifle ich, dass er seinen Fehler erkannt hat. Er wird wohl immer noch Kunden mit Leistungen bis über die Schmerzgrenze hinaus beladen, wenn er denn noch am Markt tätig ist. Und er wird nicht als Partner auftreten, sondern als „Guru" der alles weiß was der Kunde nicht weiß. Eine zweifelhafte Zukunft.

Einen großen Brocken so zu angeln ist nicht alltäglich. Aber kleine Häppchen kommen jeden Moment auf den Tisch. Und diese kleinen Häppchen sind für manche ein großes Vermögen, für das hart gearbeitet wurde. Dies leichtfertig ohne tiefgründige Betrachtung dem Kunden zu entziehen und möglicherweise in Nichts aufzulösen ist verantwortungslos. Genauso gut gibt es Produkte, die das Geld nicht wert sind. Aber durch Versprechungen werden existierende Mängel kaschiert und ignoriert. Dieser Art und Weise mag ein kurzer Erfolg zugrunde liegen, aber der Keim langfristigen Erfolges und Anerkennung findet sich darin bestimmt nicht.

Ich will damit nicht zum Ausdruck bringen, dass man alles das auflisten muss, was das Produkt/die Dienstleistung nicht kann. NEIN! Das würde den Kunden möglicherweise überfordern oder es interessiert ihn gar nicht. Ich möchte damit nur zum Ausdruck bringen, Vernunft walten zu lassen und die Information weiterzugeben, die man selber gerne hätte, um eine Entscheidung fällen zu können, wenn man sich gerade nicht auskennt. Von diesem Ausgangspunkt aus wird jede Beratung sachlich und korrekt in einem angemessenen Rahmen ablaufen.

Auch dann existiert noch ein Fünkchen Unsicherheit. Aber die gehört zum Leben dazu. Das Leben wäre ja sonst programmierbar, eintönig und irgendwann in einer scheinbar optimalen Sackgasse.

Abschließend zum Thema „Wie wird verkauft" noch ein Abschnitt, der sich mit der Zusammenfassung des Komplexes beschäftigt. Denn eine solch isolierte Betrachtung wie wir sie hier vorgenommen haben, gibt es nicht. Seien Sie gespannt!

„Der Charakter offenbart sich nicht an großen Taten; an Kleinigkeiten zeigt sich die Natur des Menschen." Jean-Jacques Rousseau

4.5 Jeder Topf findet seinen Deckel

Es findet jeder Kunde seinen Verkäufer. Und jeder Verkäufer findet seine Schafe, die er betreuen will. Es gibt genügend Sprichwörter, die der Wahrheit sehr nahe kommen, dass es so aus dem Wald schallt, wie man hineinruft. Genauso werden die Kunden sein, wie ich Sie behandle.

Ich möchte aber nicht die negativen Aspekte beleuchten sondern noch einmal kurz den Zusammenhang herstellen, der die Auswahl der Kunden begünstigt. Die Anziehungskräfte des Menschen haben es in sich, dass man seine Kunden nicht erziehen muss, wenn genau die Kunden Kunden werden, die der Wunschvorstellung am nächsten kommen. Bei einer bestimmten Behandlung der Kunden mit der deutlichen Ansprache bezüglich der Wirkung der Betreuung werden einige spezifische Kunden verweilen und andere davonziehen. Wird als wesentliches Ziel die aktive und intensive Betreuung angesprochen sowie angestrebt, so werden Kunden, die nur mal schnell ein Angebot wünschen und nicht davon angezogen werden, kein großes Interesse an der Zusammenarbeit haben. Diese Kunden werden das Wissen haben, über ihre Ziele alle Fakten zu kennen und nur noch das Produkt auswählen. Oder sie werden denken es zu wissen, aber das spielt letztlich keine Rolle.

Im Ergebnis dieser Betrachtung lernen Sie mit höchster Wahrscheinlichkeit jene Kunden kennen, die Ihrem Verkaufsstil entsprechen. Sind Sie aggressiv und verhandeln mit harten Bandagen am Rande des Machbaren, dann erhalten Sie im Großen und Ganzen (Ausnahmen gibt es immer) Kunden, die bei Verschlechterung der Bedingungen oder des Preises genauso aggressiv reagieren. Schaffen Sie demgegenüber mit sanfter Überzeugungsarbeit einen Mehrwert für den Kunden, neue Einsichten oder gar Erkenntnisse, dann können der Preis nebensächlich und bis zu einem bestimmten Grad Veränderungen, die zum Nachteil des Kunden sind, toleriert werden.

Es kommt auf Ihre Einstellung an und wie Sie diese an die Frau und den Mann bringen. Es finden sich in harmonischen Beziehungen immer die Menschen zusammen, die auf einer Wellenlänge kommunizieren. Ausreißer dieser Ansicht sind zwangsläufig, um neuen Entwicklungen Raum zu geben und nicht im eigenen Saft zu ertrinken. Aber diese Beziehungen währen nicht lange.

Natürlich ist es notwendig dazu zu lernen. Und in dem Grad, wie Sie und Ihre Einstellung zum Verkaufsobjekt sich ändern, werden sich Ihre Kunden ändern. Nicht immer die alten Kunden werden bleiben und sich Ihrem Fortschritt anpassen, sondern neue Kunden werden sich zu Ihren Änderungen hinzu gesellen. Eine konsequente Durchführung wird Sie einige Kraft kosten. Insbesondere in Hinsicht auf den scheinbare entgangenen Gewinn, wenn Sie einem Kunden nichts verkauft haben, den Sie in Ihrer früheren Einstellung so lange beackert hätten, bis dieser erschöpft zusammensackt und unterzeichnet. Der Gewinn, den Sie aus einer individuellen Kundenorientierung ziehen, ist in Geld nicht aufzuwiegen.

Jene erfolgreichen Verkäufer, die dieses Prinzip der konzentrierten Kundenarbeit schon verwirklicht haben, werden Ihnen bestätigen, dass die geistige und körperliche Entlastung immens ist. Sich nicht mit Kunden herumschlagen, die quengelig wie ein kleines Kind sind; die immer irgend einen neuen Vorteil wollen, obwohl kein Geld investiert werden soll; die mit größter Aggression ihr Umfeld traktieren. Aus einer solchen Kundenverbindung geht der Verkäufer immer als Verlierer hervor, weil die Provision oder der Umsatz den Aufwand an Arbeit nie begleicht. Haben Sie als Verkäufer diesen Weg (dieses Tal der Neufindung) einige Zeit durchschritten, dann kommt der Moment, wo sich Stück für Stück diese Kunden einfinden, die Sie immer haben wollten.

Es sei gewarnt! Es geht nicht von heute auf morgen! Es gibt dabei immer eine Durststrecke und die Versuchung in den alten Trott zurück zufallen. Es werden Zweifel geboren werden, die diesen Weg als ungangbar definieren wollen. Diese Zweifel werden mit der Heftigkeit, wie Sie Ihren neuen Weg verteidigen, wachsen. Und wenn Sie das Tal akzeptieren, dann werden diese Zweifel eines Tages wie ein Sommergewitter verschwinden, als wären sie nie da gewesen.

Wichtig ist, dass Sie sich konzeptionell auf dieses Abenteuer vorbereitet haben. Noch wichtiger ist es an Starrköpfigkeit mit jedem Schritt zu gewinnen.

Der Erfolg will nicht kommen? Dann einen Schritt weiter!
Der Erfolg kommt immer noch nicht? Dann noch einen Schritt weiter!
Der Erfolg ist klitzeklein? Dann erst recht einen Schritt weiter!!!

Weitergehen ist das Geheimnis, wenn es denn eines gibt. Es ist nichts Übermenschliches darin zu finden. Schaffen Sie es, an Ihr Konzept der Kundenbetreuung so fest zu glauben, wie Sie abends wenn Sie zu Bett gehen daran glauben, früh's am nächsten Morgen wieder aufzuwachen, dann haben Sie das Innerste des Erfolges erkannt.

„Man kann keinen Eierkuchen backen, ohne ein paar Eier zu zerschlagen."
Napoléon Bonaparte

5. Lernen Sie Ihren eigenen Stil kennen

5.1 Lernen Sie sich selbst kennen

Autofahren lernt man nicht, indem man die Bedienungsanleitung durchliest. Kann man machen, wenn es Unklarheiten gibt, aber nicht um die Fähigkeit zu erlernen, von A nach B zu kommen und dabei ein Fahrzeug sicher und zielstrebig zu steuern. Es geht nur durch das TUN! Wer nicht „tut" wird ein Anfänger bleiben. Genauso wenig kann man AUTOFAHREN erschöpfend beschreiben. Man muss es erleben. Man muss seine Art und Weise kennen lernen, wie man das Auto steuert und dabei den einen oder anderen Erfahrungswert mitnehmen.

Am Anfang wird der Fahrlehrer sicherlich den einen oder anderen Hinweis gegeben haben, was wie wann zu betätigen ist. Doch mit der Zeit werden die Handlungen mechanisch. Dabei muss sich der Einzelne nicht mehr auf das Bedienen des Fahrzeuges konzentrieren, sondern kann sich auf das Fahren; das Drumherum einstellen. Und wer da nur ein paar Kilometer in der Woche fährt, wird keine Selbstsicherheit gewinnen. Das richtige Fahren gewinnt man auch nicht, wenn Fahrtrainer aufgesucht werden und alles und ständig gezeigt werden soll.

TUN. TUN. TUN. Mit all seinen Fehlern, die während der Handlung auftreten.

Wer nimmt denn ein Fahrsicherheitstraining in Anspruch (wenn nicht aus Gaudi)? Sehr oft Autofahrer, die viele Unfälle hatten oder nicht sicher das Fahrzeug lenken. Dabei liegt die Ursache einfach daran, dass der „Körper" bei genügend Training da draußen irgendwann genau weiß, wie er reagieren muss. Nach mehreren hunderttausend Kilometern war auch ich noch in brenzligen Situationen, wo ich jedoch nicht mehr überlegt habe: "Huch, was jetzt?" – PENG.

Im Verkaufen ist es ähnlich. Wer nicht täglich Kunden kontaktiert und berät oder betreut, bekommt nicht die Routine, die benötigt wird, dass Verkauf natürlich wirkt und wird. Nur jeden Tag üben und Fehler korrigieren, die man nach vielen Übungen automatisch erkennt. Ich kenne jedenfalls keinen, der nicht irgendwann gemerkt hat, dass er was falsch macht, wenn die Kunden immer NEIN sagen. Der Abschluss: „Na, Alter, machen wir jetzt was, oder soll ich bis morgen warten!" erweckt die eine oder andere differente Resonanz.

Und wer aus dem Grundausbildungsstadium heraus ist und in das Stadium „den eigenen Stil finden" hineingeht, sollte wissen, dass es ständig Veränderung ist. Einmal erschaffen, wird dieser Stil nicht wie eine Statue erhalten bleiben. Er wird sich ständig anpassen, ändern, erneuern müssen, um erfolgreich zu bleiben. Aber wer seinen eigenen Stil hat, erzielt höhere Erfolge als die Anderen. Und bei der Entwicklung und dem Aufbau des eigenen Stils kann einem kein Verkaufstrainer die Arbeit abnehmen. Als Hilfestellung (im Sinne des Coaching - Hilfe zur Selbsthilfe) sind Potentiale aufdeckbar.

Keiner kennt Sie so wie Sie wirklich sind. Und beginnt ein Trainer Ihnen zu sagen: „Das machen wir jetzt SO und SO, weil das auch bei den Anderen funktioniert." dann sitzen Sie schon in der Falle, denn das ist blanke Suggestion nach dem Prinzip, wenn es nicht klappt, sind A) Sie dran schuld und B) zu faul (träge, ängstlich, arrogant) die Empfehlung zu verwirklichen. Sie sind dann eine NIETE.

Ich möchte Ihnen noch Hilfestellung geben, Ihren individuellen Stil zu erarbeiten. Es soll keine Relax – Veranstaltung werden, Prinzip: RUHIG und alles wird gut.

Aber Sie müssen genug Sturheit entwickeln, Ihre Entwicklung voranzutreiben und auf Missachtung gelassen zu reagieren, aber gleichzeitig sich nicht Veränderungen zu versperren. Mit einiger Übung werden Sie merken, dass dies von ganz allein geht. Intuitiv entscheiden Sie das Richtige.

Es gibt unterschiedliche Phasen und für den Anfang möchte ich eine einfache Struktur aufzeigen.

1. Kontaktphase
2. Terminierung

3. Verkaufsgespräch
4. Vertragsschluss
5. Betreuungsphase

1. Kontaktphase

Es ist letztlich überhaupt nicht entscheidend, wo der Kunde gefunden wird. Wenn Sie ihn nicht direkt ihr Anliegen vermitteln, wird der spätere Verlauf schwierig. Sie müssen ihre Kundengruppe(n) kennen und wissen, wie diese auf welche Ansprachen reagieren. Richtig. Aber Sie sollten die wählen, die am besten zu Ihnen passt. Nichts ist frustrierender als am richtigen Fleck zu sein und alle ignorieren einen. Die Ansprache muss natürlich ablaufen, also viel üben. Dabei spielt nicht das Ziel eine Rolle, einen Termin zu bekommen,sondern einfach die Freude mit Menschen zu sprechen und ihnen ihre Idee oder Lösungen vorzustellen. Ich hatte einen guten Freund, der einen Getränkemarkt besaß. Klein und fein.Er sagte mir, er schmeiße jedes Jahr 3 bis 4T € an Marketingkosten raus und weiß gar nicht, ob es eine Wirkung erzielt. Er fragte mich, ob ich denn eine Idee hätte. Ich sagte, dass mein Kopf voller Ideen ist, aber die Frage ist doch, was willst du erreichen. Da meinte er: „Na mehr Umsatz."

TOLL! Was auch anderes. Nach einem intensiven Gespräch über die wirklichen Ziele, die Umsatz generieren schlug ich ihm nach einiger Zeit vor, doch Service und Nutzen zu verbinden. Wir ließen eine Limonade bei einem Hersteller in 0,33 l Größe in Mengen produzieren. Dann sagte ich, soll er warten, bis es richtig heiß ist gesagt - getan. Es wurde warm und da riet ich ihm, sich in seiner Umgebung des Ladens auf der Straße hin zu stellen und die Limo als Erfrischung kostenlos zu verschenken. Er konnte mit dieser „Masche" ganz ungezwungen mit den potentiellen Kunden kommunizieren (da es gedanklich kein Verkauf für ihn war, sondern Werbung – was für'n Unterschied). Er gewann einige Kunden dabei.

Es geht hier nicht darum, das nachzuäffen, sondern zu sehen, dass die eigene Art etwas zu tun vielleicht noch mit einem Nutzen für den Kunden verbunden wird.

Was kostet eine Werbung mehrere Wochen in der Zeitung geschaltet für einen Händler, der Regenschirme, Hüte, Accessoires und dergleichen verkauft und wie viel Mühe würde es ihm bereiten, bei strömenden Regen gut bedruckte (einfache) Regenschirme den vorbei eilenden Menschen ohne Schirm in die Hand zu drücken? Worte? Eher wenige. Aber auch Handlung ist Kommunikation: Ich will Ihnen helfen! Müssen es immer Worte sein, um einen fremden Menschen auf sich aufmerksam zu machen?

Oder wer kennt es nicht, früh's durch die Straße nach einer frostigen Nacht zu gehen und zu sehen, wie sich die Menschen mit dem Freikratzen der Scheibe abquälen und Sie als Versicherungsvertreter behandschuhte Kratzer verschenken? Der Nutzen ist sofort da und die Erinnerung ist bleibend. So gibt es verschiedene Kommunikationsmöglichkeiten, die alle eins gemeinsam haben: Der ONE – MINUTE – STAND ist es nicht!

Dieser besagt, dass Verkauf in einer Minute erfolgen kann und alles andere nur noch Aushandlung der Bedingungen ist. Demgegenüber ermöglichen Sie den Menschen, Sie kennen zu lernen und ein Urteil zu bilden. Sich mit Ihnen vertraut zu machen. Die Effektivitätssteigerungen der verschiedenen Firmen und Branchen führen leider auf den Irrweg, dass alles gleich jetzt und sofort verwirklicht werden muss. Das die Dinge Weile gebrauchen müssen, um zu wachsen, verdrängen die meisten. Lieber nimmt man hohe Auftragskündigungen in Kauf, oder verliert den Kunden beim nächsten Auftrag wieder.Die Beurteilung des Kunden nach dem Potential für die eigenen deckungsbeitragsstarken Produkte, führt zu der Situation, dass der Verkäufer in die Enge getrieben wird.

Es sei denn, sie/er hat eine klare Vorstellung, wie sie/er selbst mit den Kunden umgehen möchte. Dieser Verkaufsstil kann einzig von Ihnen entwickelt und angewendet werden.

Und noch etwas ist wichtig. Es gibt Menschen, die sind wahre Experten im Suchen von Kunden. Sie haben sich so auf das Suchen spezialisiert, das sie alle Wege und Kniffe kennen Kunden zu suchen. Als sie diese gefunden hatten, wussten sie jedoch nichts mit diesen richtig anzufangen. Jeder hat dort seine großen Erfolge, worauf er sich konzentriert.

2. Terminierung

Erfolgt die Kontaktaufnahme einmal ohne das „Angebot", ins Gespräch kommen zu wollen, sondern rein aus Serviceleidenschaft, dann passiert es immer häufiger, dass die Kunden von sich aus fragen. Bekäme ich auf der Straße an einem heißen Sommertag zur Erfrischung ein Getränk geschenkt, dann würde ich schon fragen, wie ich denn dazu komme. Und muss ich noch nicht einmal einen Zettel zur Teilnahme an einem Gewinnspiel ausfüllen, dann bin ich noch mehr überrascht.
Im Internetzeitalter ist dies natürlich so nicht Gang und Gebe. In dieser Zeit ist der Zettel die Registrierung für einen Newsletter etc.

Die Terminierung in einer solch „ziellosen" Situation kommt dann ganz auf ihr Geschick an. Erklären Sie kurz dem Gesprächspartner ihr Anliegen : „Die Firma Wir-löschen-Ihren-Durst GmbH (fiktiver Name, sollte dieser existieren, bitte ich dies zu entschuldigen.) weiß, dass die meisten Menschen bei solchen Temperaturen oft zu wenig trinken. Wir möchten Sie darauf aufmerksam machen, das wir bei Zeitmangel Ihnen dieses Getränk auch ins Büro bringen oder wohin immer sie wollen.."

Daraus kann sich ein Gespräch entwickeln, wo man dann doch noch einen Termin (Telefon-Nr.) bekommt. Es ist nicht leicht, dass soll damit nicht gesagt werden. Auch wer schon jahrelang Auto fährt, wird 1000 km nicht so einfach weg stecken. Das strengt schon an.

Wenn Sie einen Kundenbogen entwickelt haben, auf dem alle Daten stehen (von der Ansprache bis Terminierung und Verkaufsgespräch, Umsatzvolumen und Folgeaufträge) dann ist es ein leichtes, mathematisch den besten Kontaktweg zu prüfen. Und wählt man zwei Wege und einer erbringt beste Ergebnisse beim Terminieren, dann sollten nach Prüfung der Umgebungsvariablen dieser Weg bevorzugt gewählt werden. Schwächt sich dieser Weg ab, dann muss ein neuer gesucht werden. Jedoch ist in der Zeit der Individualität wichtig, nicht denjenigen, der einen bestimmten Ansprachekanal bevorzugt nunmehr mit einer neuen Methode bei kommen zu wollen.

Das WIE und WO und WARUM, das müssen Sie selbst entwickeln. Alle anderen Tipps und Tricks sind von jemanden entwickelt wurden, der damit gelebt hat. Ist er gänzlich verschieden vom Charakter, dann werden Sie das

Erfolgsgeheimnis nicht ergründen, weil es keins gibt. Es ist einfach personengebunden. Eigentlich brauchen Sie auch keine Vergleichszahlen, denn es kommt einzig darauf an, das Sie sich wohl dabei fühlen, dann geht die Terminierung von allein.

3. Verkaufsgespräch

Der Stil des Verkaufsgespräches muss Ihren Veranlagungen entsprechen. Ich handhabe es immer so, dass ich zügig zum Thema komme. Die Wetter und Familienthemen kommen während des Gespräches viel besser und entspannter rüber, als wenn Sie dies am Anfang versuchen. Und die langweiligen und gezwungenen : „Was für ein Wetter heute." „Ja, wirklich schrecklich." „Das können Sie laut sagen." „Dieser ständige Regen. Und die Kälte."
sowie negativ stimmenden Einleitungen sind wirklich für die „Esse".

Gehe ich zur Fahrschule, will ich auch nicht erst 'ne halbe Stunde über Wetter, Freunde, Hobby und derlei Kram quatschen. NEIN. ICH WILL FAHREN!

Gehe ich Sachen einkaufen, dann fragt mich der/die Verkäufer/in auch nicht, ob meine Freunde vielleicht einen Lesefimmel haben und welche Hobbys denn so anstehen. Vielleicht passt die Farbe nicht und der Einkauf hätte nicht direkte Wirkung auf die Freunde.

Huuuiii.

Das ist schon spannend, wie manche Gespräche in einer verkrampften Atmosphäre und mit vielen Suggestionen sich entfalten. Das Verkaufsgespräch soll in ihrer natürliche Art mit Begeisterung Ideen unter die Menschen bringen. Geld ist nichts – solange es nicht einem Zweck dient. Energie ist völlig neutral, sobald sie eine Bestimmung erhält, bekommt sie eine Wertung und wird positiv oder negativ.

Sie selbst müssen sich genauso entspannt in einem Gespräch verhalten, als wäre es eines von vielen und es geht nur um das Gespräch und dass ihr Gesprächspartner Ihre Idee als GUT empfindet. Ein Nebenprodukt ist dann ein Auftrag. Gibt es Verkäufer, die den MUT haben, nach Unterzeichnung dem Kunden die Unterlagen hin zureichen und zu sagen:

"Sie sind sich also hundertprozentig sicher, dass dies das Richtige für Sie ist? Wenn nicht gebe ich Ihnen noch einmal Zeit darüber zu schlafen!"

Es bedeutet meinerseits Selbstsicherheit und über den Dingen zu stehen. Wenn das Gespräch so aufgebaut ist, dass der Kunde alles nachvollziehen konnte und er sich der Sache annimmt, dann wird es zur Sache des Kunden. Dann besteht nicht die Angst der Kunde könnte im letzten Moment abspringen. Aber es gibt Kunden, die fühlen sich hinterher überrumpelt. Und diesen Gelegenheit zu geben, über das ganze Thema noch einmal nachzudenken, bedeutet VERTRAUEN. Vertrauen in die eigene Sache!

4. Vertragsschluss

Sind die Verhandlungen gut gelaufen und der Kunde signalisiert seine Bereitschaft, sich auf Sie einzulassen, dann ist die Frage legitim: Wann wollen wir die Geschäftsbeziehung beginnen (Welcher Auftragswert usw.)! Doch wie erkennt man den Moment wo diese Frage nicht zu früh und nicht zu spät platziert wird? Es gibt umfassende Literatur, die sich mit den unterschiedlichen Phasen beschäftigt und dann sagt:

Jetzt oder Hier oder Dann und Dann. Letztendlich ist dies auf Verkaufsgespräche gemünzt,die nicht von Ihnen entwickelt wurden. Wenn Sie Ihr Verkaufsgespräch selbst entwickeln und dann anwenden und dann beherrschen, dann bekommen Sie mit der Zeit ein immer besseres Gefühl, wann die Frage zur rechten Zeit kommt. Man spürt es.

Der Trainer eines Weitspringers: „Wenn du denn Anlauf nimmst und Geschwindigkeit aufnimmst, da siehst du da vorn das Brett. Das Weiße vor dem Sandkasten. Deine Schritte müssen so aufeinander abgestimmt sein, dass du dort ankommst und mitten auf dem Brett mit deinem rechten Fuß trittst, Dann der Absprung. Nur dieser eine Moment zählt. Nur das Brett im Kopf haben. Nagle deinen Geist zu mit diesem Brett. Wir gehen dass an der Tafel noch einmal durch. Und dann habe ich da noch einen Ablaufplan, wo auf verschiedene Ereignisse die richtige Antwort steht. Ob Regen oder

Sonnenschein, mit diesem mobilen Beizettel gelingt der Sprung ins Nirvana…"

Na das wird was werden. Oder sie stellen sich auf die Bahn und los geht's. Dann ein paar Tipps vom Trainer abholen, wo es noch nicht so klappte, welche Dinge noch trainiert werden müssen. Oder noch besser die eigene Sprungtechnik entwickeln und weiterentwickeln. Erfolg ist ein Nebenprodukt von ständiger Übung bzw. von Verbesserungen. Und auch von Veränderungen.

5. Betreuungsphase

Die Frage ist, welche eigenen Serviceleistungen bilden einen wirklichen Nutzen für den Kunden. Sollte dieser ein Mal im Quartal besucht werden, wenn der Bestellrhythmus jährlich ist? Reicht eine geringere Zeit aus? Technik die begeistert und Kunden Angebote zusendet, die sie schon nutzen? Ist das ein Vorteil, nach der Devise Streuverluste gibt es immer, Hauptsache die Automatik lässt keinen durch's Netz rutschen?

Die Betreuungsphase sollte dem Kunden einen Service mit Leistung bieten, denn auch diese Phase ist verkaufen – für das nächste Mal. Oftmals werden Geschenke überreicht, die nur wenig nutzen haben. Ein Weinhändler verschenkt einen Korkenzieher. Oh ja! Darauf habe ich gewartet, wenn ich ein Geschenk bekomme. Demgegenüber eine kleine Broschüre: Welche Weine zu welchen Speisen. Das wirkt doch schon ganz anders. Es wirkt nicht wie Werbung, auch wenn die Weine des eigenen Sortimentes vorgestellt werden. Es wirkt nicht fehl am Platz oder überflüssig oder ‚Hab ich schon'. Ein Geschenk, das bei Erhalt in die letzte Ecke eines Schrankes geschmissen wird, hat keine Wirkung. Es erzeugt eher noch Ärgernis.

Es gibt passive und aktive Betreuung. Die Gefahren sind auf beiden Seiten gleich hoch, die aktive Betreuung hat aber die Möglichkeit Fehler zu korrigieren. Eine passive Betreuung wäre bei einem Autohaus zu warten, bis der Kunde kommt. Und dann alles bieten, was es gibt mit höchster Qualität. Entsteht dabei ein Fehler, wird es schwer, den Kunden wieder zu sehen. Und manchmal weiß man gar nicht, warum er nicht wieder kommt. Aber das Reagieren auf den Kunden ermöglicht nicht das Nachforschen.

Die aktive Betreuung demgegenüber zeigt sich eher in Form von auf den Kunden zu gehen, ihm Leistungen anbieten. Etwas geben, was er noch nicht hat. Die Gefahr hier ist, dass man den Kunden überfährt mit Leistungen, sodass er irgendwann erschöpft oder überfordert ist. Die Vorteile sind aber, dass man das Gespräch wieder aufnimmt, wenn etwas schief gegangen ist. Zumindest besteht die Möglichkeit, den Kunden zurück zu gewinnen oder den Fehler noch auszubügeln.

Betreuung und Service sind Dienste. Oftmals werden die Kunden aber als Bittsteller behandelt. Auf diesem Terrain verlieren die Unternehmen die Kunden. Wenn ein Kunde mit einem defekten Gerät kommt und dem Kunden suggeriert wird, dass er eben zum falschen Zeitpunkt kommt und das ja nicht sein kann, was nicht sein darf und … und … und …

Da fragt sich der Kunde mit dem eingetrichterten Bewusstsein auf umfassendes Leistungsversprechen, ob er denn betrogen wurde. Und er fühlt sich unerwünscht. Manchmal kommt sogar die Antwort: ‚Geht, wir werden Euch nicht aufhalten, aber …' und dann noch ein paar hässliche Verwünschungen hinterher schicken. Feine Art, wenn die aktive Arbeit so ausschaut.

Sie müssen für sich klar entscheiden, welcher Weg der Wirkungsvollste und Angenehmste ist. Das will nicht bedeuten, dass Sie sich auf die Couch legen können und dann warten dass das Telefon klingelt und ein Kunde was haben möchte. Es bedeutet, dass Sie die Wege beschreiten, die Ihnen die Freude am Verkauf lassen und Erfolge ermöglichen, die nicht durch Miesepeter-Stimmung verdorben wird.

Erarbeiten Sie sich einen individuellen Trainingsplan. Es geht nicht darum etwas Ausgefallenes kennen zu lernen. Es geht einzig darum, die Dinge zu verbessern, die Sie nicht beherrschen, aber beherrschen müssen. Nicht die Schwächen versuchen auszumerzen, sondern die Stärken noch stärker ans Tageslicht heben. Die Phasen sind immer die gleichen im Leben. Stellen Sie sich die Kundenkontaktphasen so zusammen, wie Sie sie gern hätten. Dann gilt es einen Plan dafür aufzustellen. Was soll wann und wie gemacht werden. Dies ist Ihr Ablaufplan. Dann gilt es ein Orientierungsziel fest zu legen. Doch das kann und muss sich ständig ändern, denn erreichen Sie es und verweilen, dann werden Sie meisterlich sterben.

Ein Beispiel könnte sein, dass Sie beschließen, Firmenkunden
anzusprechen. Dabei haben Sie verschiedene Möglichkeiten. Briefe.
Anrufen. Hingehen. Das Ziel könnte sein, aus 5 Ansprachen 1 Termin zu
akquirieren. Die Frage ist, in welchen Zeitraum.
Sofort? Aus 2 Kontaktierungen? Innerhalb eines Jahres? Deswegen können
sich mit dem Erfolg die Ziele korrigieren. Dann wollen Sie vielleicht aus 5
Terminen 1 Vertrag. Verbessern Sie jedoch Ihre Ansprache und
konkretisieren Sie den Inhalt und stecken den Rahmen besser ab, dann
könnten Sie schon in der Ansprache eine bessere Auswahl treffen. Dann
verbessert sich Ihre Quote. Dann die Qualität der Verträge. Und in einiger
Zeit werden Sie völlig individuell eine geringere Anzahl Gespräche mit
einer mäßigen Anzahl Verträgen und einem hohen Deckungsbeitrag
erzielen, wenn Sie denn nicht aufhören, voran zu schreiten. Hier ist bei
genauer Vorstellung des Zieles ein Coach oder Trainer ganz sinnvoll. Einer
der weiß, was in solchen Situationen zu tun ist. Ist okay, aber erst, wenn Sie
wissen, wo es hingeht.

Damit stehen Sie auch mit keinem Vertriebsweg auf dem Kriegsfuss. Wenn
die Kunden die Informationen per eMail zugesandt haben wollen, dann
bekommen sie dass. Mit einer Nachfrage, ob alles in Ordnung ging. Damit
ist man wieder im Gespräch.

Auf der nächsten Seite wäre ein solches Formular, das Ihnen helfen könnte,
sich Ihrem eigenen und individuellen Stil zu nähern. Versuchen Sie nicht,
diesen Stil anderen als besonders erfolgreich mit auf den Weg zu geben. Sie
werden die rechtfertigungsfähige Erfüllungsquote von 20% erreichen,
jedoch bedeutet dies meistens nur, dass Sie auf Menschen gestoßen sind, die
eine Idee ihrerseits in ihr System integriert haben. Kann man erfragen.

Deswegen ist diese Formular auch völlig offen und ist einzig ein
Denkanstoß. Die richtigen Schritte müssen Sie gehen. Es gibt einen Weg für
Sie und Sie können auch die Hilfe anderer in Anspruch nehmen, wo man
Ihnen das eine oder andere mit auf den Weg gibt.

Apropos Intuition. Es existiert immer ein gewisses Maß an Polarisierung.

Jene meinen, Intuition stehe nicht über konzentrierter Gedankenarbeit. Intuition sei Bauchgefühl. Und sich auf das Bauchgefühl zu verlassen, hieße bei veränderlichen Bedingungen nicht mehr angemessen reagieren zu können.

Ich möchte Ihnen meine Gedanken dazu näher bringen. Intuition ist der Erfahrungsschatz des Einzelnen. Das höchste Ziel ist es, intuitiv in Situationen reagieren zu können. Im Gespräch halt nicht Fragen zu stellen, um sich zeit zum Nachdenken zu verschaffen, sondern auf Fragen und Aktivitäten des Kunden schnell und direkt zu reagieren. Die Intuition ermöglicht Ihnen sich voll auf Ihren Gesprächspartner zu konzentrieren und die Auswahl von Argumenten oder Techniken nicht mehr bewusst hervorrufen zu müssen. Es gehört also beides dazu. Solange die verschiedenen Aspekte des Verkaufsgespräches bzw. der Verhandlung nicht in Fleisch und Blut übergegangen sind, müssen Sie durch Denken den nächsten Schritt abwägen. Haben Sie Ihr Training soweit vorangetrieben, dass Sie das nicht mehr abwägen müssen, dann handeln Sie intuitiv.

Integrieren Sie es, aber den Wert können Sie nur einschätzen, wenn Sie wissen, was Sie wollen. Sonst wird es Ballast. Diese Vorgehensweise ermöglicht Ihnen zu suchen. Aber konkret. NICHT: Wie kriege ich mehr Umsatz oder Kunden? SONDERN: Ich will die Kunden per Telefon ansprechen und Ihnen etwas zusenden als Aufmerksamkeitsbringer. Welche Dinge sollte man schicken können und welche meiden? Dann kann man Literatur wälzen und das eine oder andere ausprobieren und das angenehme und erfolgreiche integrieren. Dabei werden Sie nie einen Anderen imitieren. Entwickeln Sie Ihren Instrumentenmix. Sie sprechen die Kunden lieber direkt an? Dann sieht dies ganz anders aus. Denken Sie nicht darüber nach, was Sie nicht nutzen, sondern wie Sie das, was Sie nutzen (wollen) effektiver nutzen können.Und wenn Sie etwas Neues nutzen wollen, wie es effektiv in die Abläufe passt und nicht weil Andere Ihnen sagen, dass es hier oder da passen m u s s, Entwerfen Sie ein Protokoll, das Ihren Fortschritt misst. Jetzt gleich am besten.

„Diejenigen die immer nur das Mögliche fordern, erreichen gar nichts. Diejenigen die aber das Unmögliche fordern, erreichen wenigstens das Mögliche." Michail Bakunin

5.2   Seien Sie Sie selbst

Welcher Unterschied besteht zwischen sich selbst kennen lernen und sein? Man könnte jetzt sagen, die menschlichen Gene. Die versuchen alles in ein nach äffendes Licht zu stellen. Dabei sind diese auch nur Datenträger und müssen von etwas aktiviert werden.

Sich selbst kennen kann man schon einmal, aber selbst sich geben wie man ist, kann dem Anschein nach von Nachteil sein. Vielleicht macht der eine auf Poltergeist und hat damit mächtig viel Erfolg bei seinen Kunden. Dann wäre man in der Versuchung dies nach zu ahmen und diesen Erfolg zu kopieren. Es könnte funktionieren oder auch nicht. Denn warum es funktioniert, ist dabei nicht bekannt. Erst wenn man diese Vorgehensweise unter die Lupe nimmt und den Hintergrund für den Erfolg sucht, weiß man warum. Und das wiederum nur, wenn man auch die Ursache für die Handlung kennt.

Das eigene Selbst sein, bedeutet, nicht künstlich aufzutreten. Der Mensch merkt es, ob man die eigene Schale ignoriert und jemand anderem nacheifert. Oder wenn zwanghaft versucht wird etwas zu tun, was man nicht beherrscht. Auffallend häufig ist das bei Telefonaten. In gutem Glauben wird ein Leitfaden entwickelt und dieser dann abgearbeitet. Der Fragende stellt seine Fragen und wirkt bei jeder Frage etwas hölzern, weil er den nächsten Schritt sucht und unsicher ist. Schlimm wird es, wenn eine Antwort kommt, auf die es keine Frage und Reaktion gibt.

Klingeling.
„Hallo."
„Hier … Direktmarketing. Haben Sie kurz Zeit?"
"Ach schön, das Sie anrufen."
"Äh ja. (Pause) Ähm, es geht um …"
"Schön. Interessiert mich nicht, aber Sie haben noch 15 Sekunden. Reden Sie weiter."
"Wieso jetzt? 15 Sekunden?"
"Wissen Sie wohl nicht?"
"Was (Pause)?"
"Das ich für jeden Anruf der länger als eine Minute dauert Geld bekomme.

Also
und die haben wir jetzt 3 ... 2 ... 1. hinter uns. Ich danke für Ihren Anruf.
Melden
Sie sich doch mal wieder. Tschüß."
"Ja, Ähm. Auch auf Wiedersehen."

Ich denke, eine Mixtur aus Leitfaden und natürlicher Reaktion birgt Erfolg.
Authentizität ist der Schmelztiegel der eigenen Verwirklichung. Das
Ablaufen ausgetrampelter Pfade mag eine Demonstration sein, aber es
ersetzt nicht die eigene Erfahrung. Denn erst durch individuelle Handlungen
vermag der erfolgreiche Verkäufer die Herausforderungen seiner eigenen
Wünsche bewältigen. Verkäufer sind verschieden in Ihrer Wirkung.

WIRKUNG!

Das ist das Entscheidende. Die meisten analysieren und sezieren und
differenzieren und beurteilen und gewinnen gar nichts dabei. Der eine wirkt
so und gewinnt damit diese Kunden; der andere wirkt anders und gewinnt
damit jene Kunden. Die Frage ist, welche Kunden wollen SIE erreichen?
Passt die Ansprache zu Ihnen und fühlen Sie sich wohl? Geht's auch anders,
weil Sie anders denken?

Anders sein ist zwangsläufig. Niemand ist genauso wie jemand anderer. Das
wäre auch schlimm. Wenn Sie Sie selbst sind und bleiben, dann werden Sie
aufgrund Ihrer Individualität unvergleichbar. Denn vergleichen kann man
nur Dinge und Fakten, die in Ihrer Beschaffenheit ähnlich sind, wenn sie
einem bestimmten Zweck dienen. Da aber niemand genauso und auch nicht
ähnlich ist, wie Sie, ist es der größte Unsinn, Sie vergleichen zu wollen.

Für ein Telefonat sollten Sie mit Ihren Worten (auf Band aufgenommen?)
eine Orientierung für das Gespräch erstellen, wenn Sie die Lockerheit
besitzen:
Und es kommt auch auf die Art des Telefongespräches an.

Also ignorieren Sie Vergleiche. Das frustriert. Setzen Sie sich Ihr Ziel und
dann los. Bei den schönen Dingen des Lebens vergleicht auch kein Mensch,
es sei denn er möchte sauer werden. Spielen Sie ab und an Karten?

„Ja, war ein tolles Spiel, aber mein vorhergehendes das war echt Spitze. Und das davor. Mensch, da musst du dich aber noch anstrengen!"

Ja, da kommt dann richtig Freude auf. Der Spielabend wird dann bestimmt Spitze.

Ich kann nicht verstehen, dass im Vertrieb ein ständiges Vergleichen stattfindet, obwohl längst bewiesen ist, dass diese Art von „Druckverkauf" nur kurzfristigen Erfolg beschert. Darum, auch wenn es Ihre Umgebung nicht zulassen will, nehmen Sie die Ziele an, seien Sie aufmerksam und dann gehen Sie verkaufen. Machen Sie sich keine Gedanken über Ziele, Soll-Zahlen und Analysen und Szenarien, die alle die Gedanken vom Thema ablenken. Nur wenn die Verkaufszahlen nicht stimmen und Sie merken, dass etwas nicht funktioniert, dann heißt es reagieren und Änderung vornehmen. Schritt für Schritt.

So werden Sie Sie selbst und nicht das Spiegelbild von Schulz oder Meier. Ihr Erfolg beruht auf Ihren individuellen Erfahrungen und sind mit Nichts zu vergleichen. Auch das beständige auf das Ziel konzentrieren bringt nur Unruhe und Nervosität. Kein Bergsteiger käme auf die Idee, ständig nach oben zu linsen und sich zu fragen: „Oh' schaffe ich das jetzt oder muss ich jetzt was anders machen? Was könnte ich morgen machen und übermorgen?"

Oder wenn Sie Autofahren (ich mag diese Aphorismen) dann fangen Sie doch auch nicht alle hundert Kilometer an sich Gedanken zu machen, ob Sie ans Ziel kommen. Sie fahren und sind aufmerksam und harren, was da kommt. Kommen bestimmte Informationen, Stau z.B., dann richten Sie sich darauf ein und umfahren diese Stelle möglicherweise. Aber kein Mensch entwickelt ein Worst-Case-Szenario für Staus! In manchen Unternehmen ist das an der Tagesordnung. Da reist man die Mitarbeiter aus dem Fluss ihrer Arbeit heraus, nur weil es gerade ein paar Prozent schlechter läuft. Da wird Unruhe und Unaufmerksamkeit erzeugt und dann wundern sich die Unruhe erzeugenden Führungskräfte, warum es dann noch schlechter läuft.

<u>Es gibt Sonnentage und Regentage und wer versucht nur Sonnentage zu erzeugen, wird zwangsläufig scheitern und Konflikte und Chaos</u>

101

hervorbringen. Ihre Umgebung können Sie nicht gänzlich ändern, aber Sie können Ihr Erleben ändern. Vergessen Sie auch das Beurteilen von anderen oder von Situationen und wirken Sie einfach weiter auf Ihrem Weg. Das Beurteilen wäre an einem Regentag festzustellen, dass es regnet, dass das schlecht sei und besser die Sonne schiene. Dann wird ein Kriegstanz für Sonne veranstaltet und wenn das Glück dem holt ist, scheint mal wieder die Sonne. Doch die Umsätze sind nicht gestiegen, denn man hatte keine Zeit zum Verkaufen, sondern musste einen Sonnenkriegstanz durchführen. Hätte man einfach weitergemacht und den Regen Regen sein lassen, hätte irgendwann wieder die Sonne geschienen.

Darum hat es keinen Zweck, wenn Sie sich verstellen und ein anderer sein wollen. Es wird Ihnen nicht gelingen, denn auch Schauspieler vermögen eine Rolle nur dann glaubwürdig zu spielen, wenn sie Ihre Persönlichkeit einbringen.

„Hindernisse sind diese furchterregenden Sachen, die du dann siehst, wenn du dein Ziel aus den Augen verloren hast." Henry Ford

5.3   Stehen Sie zu Ihren Unvollkommenheiten

Diese Kapitel möchte ich kurz halten. Man sollte sich nicht auf etwas zu sehr konzentrieren, was man nicht wünscht, da es sonst Realität werden könnte. Eine wichtige Erfahrung in meiner Vertriebslaufbahn ist, dass die Konzentration eine feine Sache ist.

Konzentriert man sich wie oben schon dargestellt auf das SUCHEN VON KUNDEN, dann wird man Kunden suchen, aber nicht wirklich viele finden. Will man dagegen viele Kundentermine, da man denkt, damit wird man erfolgreicher, dann wird man diese Erfahrung machen. Viele Kundentermine und das Denken, das man irgendwann erfolgreicher wird.

Und hat man letztlich verstanden, dass man seine Glaubenseinstellungen und seine Gedanken auf die Realität projiziert, dann wird man sich einfach auf den Moment fixieren und im nächsten Moment wieder loslassen um den nächsten zu erleben.

Das heißt, man denkt nicht besonders daran, viele Kundentermine zu machen, viele Gespräche zu haben und viele Abschlüsse zu tätigen. NEIN. Man weiß einfach, dass es so Sein wird. Da wird gemacht!

TUN. MACHEN. HANDELN.

Nichts anderes ist entscheidender, um Fortschritte im eigenen Vorankommen zu erzielen.

Beim Autofahren (och', ich höre schon das Stöhnen) sagt man sich auch nicht: „So jetzt wird sich aber kräftig aufs Schalten konzentriert. Ja, erster Gang ist drin. Was jetzt, ah' ja Gas geben. Und jetzt, wie war das noch mal? 2. Gang? Bei 30? Schon? Oder noch ein wenig mehr Gas geben und dann erst schalten?"

Kann man so machen! Keine Frage. Unvollkommenheiten existieren dabei immer.
Das ist aber kein Problem. Das Beherrschen kommt irgendwann wenn genug Übung den einen oder anderen Fehler ausmerzt. Der Fehler

verschwindet eben nicht, wenn man sich darauf konzentriert.

Beispiel. Ich habe Probleme beim Telefonieren. Ich weiß den ersten Satz nicht. Wie soll ich anfangen. Marter. Marter. Marter. Erfolg, wo bist du? Wird es dadurch besser?
Nein.
Lösung?

Tun. Idee: Ich rufe an, weil ich ein tolles Produkt habe, das hilft Energie zu sparen.
Das soll jeder wissen, der z.B. Solarzellen auf das Dach bringen kann.

Geh ich eben Mal los und klingle an der Tür.
"Guten Tag. Ich heiße Frank Mißbach von der Firma „Sonne – Satt" (wie immer fiktiv) und ich bringe Ihnen die Sonne ins Haus. Darf ich Ihnen eine Informationsbroschüre hier lassen, wie auch Sie die Sonne völlig hitzefrei ins Haus bekommen?"

Wäre eine Möglichkeit? Klappt nicht? Dann eben was anderes. Und wieder was anderes. Irgendwann, wenn Sie die Kunden nicht mehr JAGEN und UMKÄPFEN und KRIEG führen, dann werden diese von ganz allein zu Ihnen kommen. Ja, ein bisschen Bewegung ist notwendig, aber nicht viel. Darum machen Sie sich über Ihre Schattenseiten keine Gedanken, denn wenn Sie sich auf Ihre entgegen-gesetzten Sonnenseiten konzentrieren, dann werden die Schattenseiten irgendwann verschwinden.

Probieren Sie es aus. Sie haben ein Problem, den Kunden nach erfolgreichem Gespräch zu fragen, ob er mit Ihnen ins Geschäft kommen will? Dann probieren Sie einfach verschiedene Sachen aus.

"Lieber Kunde. Wie fanden Sie das Gespräch?"
"Geht so. ☹." Nein natürlich nicht. „Ja war informativ."
"Sind noch Dinge ungeklärt, die Ihnen einer Entscheidung im Weg stehen."
"Eigentlich nicht." … „.., aber…. ☺." Sprechen Sie drüber.
„Dann können wir heute den Vertrag unterzeichnen/schreiben?"

Ja probieren Sie sich aus. Ich kenne viele Diskussionsforen, wo über den perfekten Abschluss gesprochen wird. Als Anregung fantastisch. Man kann so die eine oder andere Idee mitnehmen. Letztlich : VÖLLIG IRRELEVANT.

Wer nicht fragt (weil er denkt, dass ist nicht perfekt), bekommt auch nichts. Wer wartet bekommt manchmal mehr, aber nicht immer.

Fragen Sie! Die Antwort ist NEIN. Prima. Manchmal muss man 5 bis 7 Mal fragen und Einwände behandeln. Wieder NEIN. Dann nächster Einwand. Nächster Kunde. Arbeiten Sie an Ihrem Gespräch und irgendwann müssen Sie vielleicht gar nicht mehr fragen, weil die Kunden sagen: „Ja, ich will." Unnütze Gedanken am falschen Fleck hervorgebracht verschleißen Energie, die Sie nutzbringender investieren könnten. Betrachten Sie es ökonomisch: Verschleudern Sie nicht ihre Zeit und Energie mit Kunden, die nicht wollen.

Lassen sie denen Zeit, selbst zu Ihnen zu kommen. Sie werden erstaunt sein, wie viele bei Ihnen auftauchen werden, wenn Sie die Kunden loslassen und sich nicht an diesen festkleben. Das NEIN wird Sie sonst in das nächste Gespräch verfolgen. Denn wenn Sie sich intensiv mit diesem letzten NEIN beschäftigen und vielleicht auch noch keinen Vertrag schließen, dann ist Ihr Geist völlig auf NEIN eingestellt. Er wird Situation aufmerksam erkennen und *Nein's* interpretieren.
Oft fehl am Platz.

Feuer kann man positiv oder negativ betrachten. Je nach dem. Sind Sie auf der negativen Ebene, dann werden Sie jetzt mit Feuer Gefahr und Zerstörung verknüpfen. Sie handeln destruktiv. Sie konzentrieren sich dann auf Ihre Unvollkommenheiten. Auf das NEIN.

JA: Da müssen Sie wieder hin. Der Kunde sagt NEIN. Gut.
"Wann darf ich Sie wieder anrufen, wenn Sie Ihre Entscheidung endgültig überdacht haben?"
Fertig.

Auf zum Nächsten. Oder rufen Sie Kunden an, die Ihnen letztlich NEIN gesagt haben. Kurz und bündig. Woran Sie denken, dass ziehen Sie an.

Sie müssen erst einmal durchatmen? Dann tun Sie das jetzt! Gehen Sie in Ihr Inneres und fragen sich in einer entspannten Atmosphäre, wie Sie das NEIN Ihrer Kunden ganz einfach akzeptieren können, wenn es seine wiederholte und momentan gefestigte Position ist. Vielleicht finden Sie einen Weg dabei, wie Sie das NEIN positiv nutzen können, so zum Beispiel für Empfehlungen. Werden Sie ein Profi, der in jeder Situation eine Chance sieht. Wie? Lesen Sie im nächsten Kapitel mehr darüber.

„Ich habe das Gefühl, als wäre mein Leben immer noch irgendwie provisorisch." Arthur Miller

5.4   Seien Sie ein Profi

Das letzte Kapital soll für Sie ein Anfang sein. Anfang und Ende gibt es nicht. Der Mensch ist nur bestrebt, etwas zu teilen, um sich scheinbar darin besser zu recht zu finden. Dabei bereitet er sich nur selbst Konflikte und Sorgen.

Haben Sie ein Problem mit dem Jahreswechsel? Gehen wieder alle Uhren auf NULL? Motiviert das? Wäre es denkbar, nicht wieder bei NULL anzufangen, sondern zu sagen, weiter bei 31.12. voriges Jahr? Undenkbar?

Ein ständiges Zerteilen und Trennen verursacht Demotivation und bedingt, das einzig die Profis richtig damit umgehen. Im Vertrieb verschaffen sich die Profis einen guten Start, indem Geschäftsabschlüsse von vornherein auf Anfang Januar gesetzt werden. Anders der Nichtprofi, der bis zur letzten Sekunde kämpft und dann wirklich auf NULL stellen muss. Meist völlig fertig noch vom letzten Kampf und dann schon wieder anfangen. Kämpfen. Kämpfen. Kämpfen.

Wer jedoch nicht kämpft, der kann auch nicht verlieren. Denn nur wer kämpft wird gewogen, gemessen und verglichen. Profis vermeiden es, mit negativen Dingen in Kontakt zu kommen. Sie lassen sich nicht animieren, noch ein wenig mehr als das hohe Ertragsergebnis zu verwirklichen. Die Profis nehmen sich „zum Ende hin" Zeit, über die nächsten Pläne nachzudenken.

Für die Profis gibt es das Teilen nicht. Sie setzen dort fort, wo sie aufgehört haben.

Wer sein persönliches Ziel kennt, den tangiert das vergleichende Geschäfts-ergebnis nur am Rande. Sie sind für ihn weder Motivation noch bringen diese den Profi ins Schwitzen, wenn wieder einmal das IST dem SOLL hinterher läuft. Er lässt sich nicht aus der Ruhe bringen und doch entzünden sich an ihm die Geister. Einerseits schauen alle zu ihm „gottgleich" auf, andererseits scheint er/sie unbekümmert, wenn es mal nicht läuft.

Dabei ist alles Tagesgeschäft und es gibt keinen Anlass sich Gedanken zu machen. Selbst wenn an einem Tag oder in einer Woche keine Verträge zustande kommen, ist das kein Anlass für den Profi Trübsal zu blasen. Er arbeitet weiter und erschafft seine Gedankenwelt in der Realität. Dass nicht alles gleich so entsteht, wie es gedacht ist, versteht sich von selbst.

Wieder mein AUTOFAHREN – Aphorismus. Die sicheren Autofahrer machen sich keine Gedanken über das WIE. Sie überlegen nicht, ob sie bei Schnee oder Regen anders fahren müssen. Sie tun es einfach. Und bei einer längeren Strecke fangen sie nicht im ersten Stau an, sich massive Gedanken über das Erreichen des Zielortes zu machen. Stau ist wie Verkaufen ohne Ergebnisse. Es besteht keine Bewegung oder nur Schritttempo. Das gehört heutzutage dazu. Aber jeder Autofahrer weiß, dass es nach dem Stau irgendwann weitergeht und die Fahrt wieder zügiger wird. Im Verkauf beginnen alle wie verrückt herum zu springen und irgendwelche Pläne zu schmieden.

Bei einer Autofahrt ist das dann so, als würde man plötzlich einen Zickzackkurs einlegen, um schneller voran zu kommen. Dies mag richtig sein, aber ein wirklicher Erfolg zeichnet sich dabei nicht ab. Dafür muss man vielleicht schneller wieder an die Tankstelle oder irgendwo erschöpft eine Zwischenrast einlegen. Apropos Rast.

Es gibt wenige Autofahrer, die ziehen eine Strecke im Ganzen durch. Danach entsteht ein extremer Erschöpfungszustand, der eine Pause verlangt. Die anderen Ökonomen sagen, ich lege öfters eine Pause ein und nähere mich dem Ziel Stück für Stück. Beides hat seine Berechtigung. Wer mit mehr Power startet, kann mehr erreichen, könnte aber auch bei Beschreiten des falschen Weges vom Ziel abkommen. Wichtig ist, wenn es an das Verkaufen geht, volle Kraft anzusetzen; im Gegenzug aber entsprechende Ruhepausen einzuplanen.

Entsprechend nutzt der Profi ausgedehnte Pausen und erntet hier und da eine Frucht, die sich ihm in ausgeruhtem Zustand zeigt. Langsamer, aber erfolgreicher durch das Jahr.

Vor allem Verkaufsleiter machen oft den Fehler, solche professionell arbeitenden Vertriebler zu einem anderen Arbeitsstil verleiten zu wollen und wundern sich, dass die Leistungskurve sogar absackt. Das Aufbürden von Mehrarbeit und Sonderaktionen und Extrazielen führt letztlich zur Verzettelung. Die Ergebnisse sind alle durchweg durchschnittlich. Ein flächendeckendes Einfachziel würde nach einiger Beständigkeit überdurchschnittliche Wachstumszahlen hervorbringen.

Denn würde man die einzelnen mit zu verkaufenden Produkte auf Herz, Nieren und Deckungsbeitrag untersuchen, würde man feststellen, dass es den Aufwand nicht lohnt (Hier spricht der Betriebswirt aus mir). Würden die Unternehmen weniger Angebote und damit konzentrierter aber nicht fixierter arbeiten, würden die Mehrumsätze und deren Zusatzgewinne, weit über den Deckungsbeiträgen der sonst zusätzlich verkauften Produkte liegen.
Letztendlich bedeutet es nicht mehr und nicht weniger, verstärkter Nischen zu bedienen. Und Nischen haben es an sich, nicht die ganze Produktpalette anderer Nischen in Anspruch zu nehmen. Vereinfachen und ausdünnen. Verringern und verengen.

Die Profis verkaufen auch nicht alles beständig gleich gut. Sie verkaufen es so, wie es die Kunden wollen. Die Profis versteifen sich nicht auf ein Thema, wenn sie dabei gerade keine Abnehmer finden. Sie denken eher. „Zur rechten Zeit wird sich im Jahr schon die Gelegenheit ergeben, dass das verkauft wird." Punkt.

Alles herum schuppsen und pseudoanimieren hilft da nichts. Der Profi arbeitet Energie bewusst. Er weiß, dass Verschwendung teuer werden kann. Sich mit etwas herumschlagen, das sich als Falle erweist (Aufwand ohne Einnahmen), wird sich dies später als Mindereinnahmen geltend machen. Darum gibt es für den Profi keinen Kampf um oder mit etwas. Der Profi bekommt es mit „freundlichem Lächeln" oder später. Auf zum Nächsten!

Seien Sie darum ein Profi. Entwickeln Sie Ihren eigenen Verkaufsstil und formen Sie diesen. Er wird Ihren Erfolg nach Außen widerspiegeln. Er wird kaum übertragbar sein. Er gehört zu Ihnen wie Ihre Art zu lachen, zu reden, zu weinen, wütend und freundlich zu sein. Mit diesem persönlichen Stil werden Sie die IST – Situation so akzeptieren wie sie ist. Und dann werden

Sie sich ein Ziel setzen und losgehen. Dabei wird das Ziel zweitrangig. Nur Ihr Stil steht im Mittelpunkt. Und nur jetzt. Heute. Nicht die Erfolge der Vergangenheit oder die Misserfolge sind wichtig. Einzig was sie jetzt damit tun. Denn, was Sie heute nicht tun, können Sie morgen nicht nachholen, weil Morgen ein anderes Heute ist. Da gibt es dann wieder andere Voraussetzungen.

Mit Ihrem individuellen Verkaufsstil werden Sie für viele nicht nachvollziehbare Erfolge erwirken. Manchmal werden Sie auch nicht wissen, wie denn der Erfolg zustande kam.

Wenn ich etwas bestimmtes suche (Zum Beispiel etwas Wissenswertes über Australien, weil ich da mal demnächst Urlaub machen möchte), dann beginne ich nicht wie verrückt zu suchen (Bücher, Internet, Reisebüros). Ich lasse mich treiben und weiß manchmal gar nicht, wonach ich suche. Doch mit der Zeit und dem sich treiben lassen (übrigens ein geniales Gefühl) fallen die Lösungen in meine Hände.

Deswegen machen Sie sich keine Gedanken darüber, wie jetzt konkret Ihr Verkaufsstil aussehen könnte, was er können müsste und sollte. Es wird sich finden. Das Einzige was dabei zählt, wäre die Vorgabe, dass sie den Menschen wirklich helfen wollen, ihre Wünsche zu erfüllen. Und dass Sie sich sicher sind, dass diese Menschen zu Ihnen kommen werden, um Ihre Lösungen zu kaufen.
Glauben Sie mir, Ihre Kunden werden es tun.

Übrigens. Wer ein Meister ist, wird nicht Lob preisen. Wer die Dinge beherrscht, wird damit nicht prahlen, sondern sie anwenden, wenn es notwendig ist, ohne jemanden zu benachteiligen. Und sich stetig darin üben, um nicht zu vergessen.

Dann wünsche ich Ihnen viel Erfolg im Vertrieb Ihrer Ideen und Lösungen mit Ihrem persönlichen Stil und Art und Weise und einfach den festen Glauben, dass Sie ankommen.

„Freiheit bedeutet Verantwortlichkeit. Das ist der Grund, weshalb die meisten Menschen sich vor ihr fürchten." George Bernhard Shaw

Anhang

An dieser Stelle möchte ich für Sie zur weiteren Lektüre einige Bücher und Informationsquellen auflisten, die ich in meinen bisherigen Verkaufsjahren gelesen oder studiert habe und im Zusammenhang mit dem Thema stehen. Manche haben zu meiner persönlichen Entwicklung beigetragen, manche waren ein vergnüglicher Zeitvertreib. Doch auf mich kommt es hier nicht an, deswegen stellen Sie es selbst fest, wenn Sie wollen.

Pütz, Uwe 2003;
Die neuen Macher, Humboldt Verlags GmbH

Faltin, Günter 2008;
Kopf schlägt Kapital, Carl Hanser Verlag

Jarvis, Jeff 2009;
Was würde Google tun, Wilhelm Heyne Verlag

Zehmisch, Monika 2005;
Einfach selbständig machen mit eBay; Databecker GmbH & Co. KG

W. Clement Stone 1991;
Der unfehlbare Weg zum Erfolg, Ariston Verlag

Donald Trump 2004;
Wie man reich wird; Finanzbuch Verlag GmbH

Napoleon Hill 1996;
Denke nach und werde reich, Ariston Verlag

Jack Welch 2003;
Was zählt: Die Autobiographie des besten Managers der Welt; Ullstein Verlag

Rubert Lay 1974;
Dialektik für Manager; Wirtschaftsverlag Langen Müller Herbig

Winfried A. Adam 2004;
Der Harvard Faktor; Signum Wirtschaftsverlag

Peter Thomas Ruggenthaler 2007;
Lao Tse – Das Tao der Stärke; Amalthea Signum Verlag

Zitate (2010) stammen von,
www.zitate-online.de und zitate.net

Frank Mißbach – Der sanfte Weg im Verkauf

Herstellung und Verlag:
Books on Demand GmbH, Norderstedt
ISBN 978-3-8391-8287-1